通用经济系列教材

个人理财

Personal Finance

主　编　　肖　斌　郭凤林
副主编　　吴元水　定雄武

中国人民大学出版社
· 北京 ·

图书在版编目（CIP）数据

个人理财/肖斌，郭凤林主编. —北京：中国人民大学出版社，2012.5
通用经济系列教材
ISBN 978-7-300-15736-8

Ⅰ.①个… Ⅱ.①肖…②郭… Ⅲ.①私人投资-教材 Ⅳ.①F830.59

中国版本图书馆 CIP 数据核字（2012）第 109575 号

通用经济系列教材
个人理财
主　编　肖　斌　郭凤林
副主编　吴元水　定雄武
Geren Licai

出版发行	中国人民大学出版社		
社　　址	北京中关村大街 31 号	**邮政编码**	100080
电　　话	010－62511242（总编室）		010－62511398（质管部）
	010－82501766（邮购部）		010－62514148（门市部）
	010－62515195（发行公司）		010－62515275（盗版举报）
网　　址	http://www.crup.com.cn		
	http://www.ttrnet.com（人大教研网）		
经　　销	新华书店		
印　　刷	北京密兴印刷有限公司		
规　　格	185mm×260mm 16 开本	**版　　次**	2012 年 6 月第 1 版
印　　张	13.5	**印　　次**	2016 年 8 月第 4 次印刷
字　　数	222 000	**定　　价**	29.00 元

出版说明

随着经济全球化的不断深入，中国经济走上了高速发展的通道，获得了前所未有的发展。越来越多的人认识到，要想真正融入现代社会，无论是什么专业背景、从事何种工作，学习经济类课程对工作都非常有帮助。顺应这一形势，我国大部分高等院校也开始重视经济类课程的教学和经济类课程的普及。一方面，越来越多的经济类课程成为高校非经济专业选修的热门课程；另一方面，许多理工科学生把经济类专业当作第二学位来学习。但是，现有的经济类教材大部分在内容上都有一定的深度，适合非经济类专业或初涉经济学专业的学生学习的教材较少。鉴于这种情况，我们组织编写了这套“通用经济系列教材”。本套教材在组织编写上，遵循了以下原则：

第一，所列课程均为经济类的基础课程，能够适应不同专业学生的普及学习。

第二，教材在编写上力求简明、通俗，篇幅适中，重视基础知识和基本原理的讲解。

第三，在内容上尽量减少纯理论的阐述、证明等，增加一些实际案例、专栏、开篇案例导读之类的东西，使教材的可读性更强，内容更易于理解。

我们秉承中国人民大学出版社“出教材学术精品，育人文社科英才”的宗旨，紧跟时代脉搏，不断推出精品，提升教材的质量，为中国高等教育和实践水平的提升做出贡献。我们希望广大读者的建议和鞭策，能够促使我们不断对本套丛书进行改进和完善，以更好地服务读者。

中国人民大学出版社

作者简介

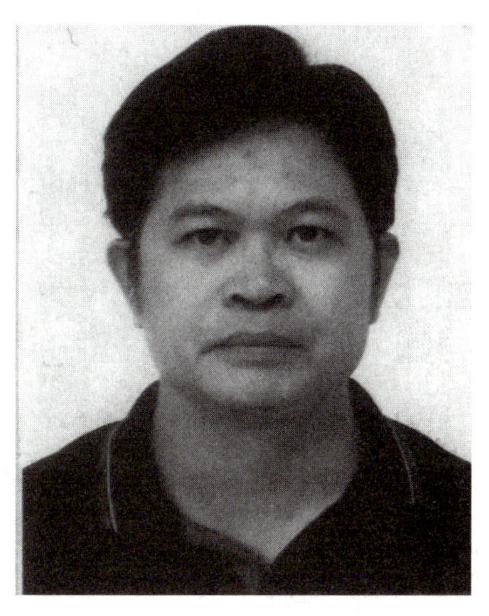

肖斌，广州市广播电视大学财经学院院长，副教授。广东金融学会、价格学会会员。2005—2011 年共发表论文 20 余篇，主编教材和著作 3 部。主要从事金融、证券专业的教学和理论研究。主持的《证券投资分析》获中央广播电视大学教学创新奖；《金融市场学》被评为中央广播电视大学和广州市精品课程。

郭凤林，广州市广播电视大学财经学院副教授，硕士研究生，中山大学岭南学院MBA，高级国际财务管理师，国际财务管理协会中国地区专家委员会委员。2005—2011年共发表论文30多篇，出版教材4部，主持多项科研项目，获得国家级、省级、市级奖励多项。目前主要从事财务会计的教学与研究工作。

前　　言

《个人理财》是为了培养学生掌握基本理财理论知识和应用能力而设立的一门课程。通过本课程的学习，可以加深对理财知识的理解、掌握理财的基本方法，具备一定的个人（家庭）理财能力。

本书适合一般本科开放教育、远程网络教育、高等职业教育、成人教育等相关院校的会计、工商管理、市场营销、金融、经济、行政管理、法学等专业的学生使用。

本教材内容分为六个主要的部分：第一部分包括第一章和第二章，是个人理财的基础知识。第一章“个人理财概述”是对个人理财的意义、原则和内容进行总体介绍。第二章“个人理财规划”是对个人理财的目的、目标和方案进行介绍。第二部分包括第三章和第四章，是个人资金和银行理财。第三章“个人资金理财”侧重于介绍个人储蓄和银行卡理财。第四章“银行理财产品理财”主要介绍银行理财产品的组成，分析银行理财产品的主要特点，选择银行理财产品进行正确的理财。第三部分是第五章“家庭保险理财”，主要介绍家庭保险理财产品，对各种家庭保险理财产品进行分析，然后在此基础上正确选择家庭保险理财产品。第四部分包括第六章、第七章、第八章、第九章、第十章，主要介绍金融理财的专业知识。第六章“债券理财”主要介绍债券的种类、债券理财分析和债券投资的选择。第七章“基金理财”主要介绍基金的种类，并对基金投资进行分析和选择。第八章“股票理财”主要介绍股票的种类，并对股票投资进行分析和选择。第九章“外汇理财”主要介绍外汇的种类、影响汇率的因素和外汇的交易方式。第十章“黄金产品理财”主要介绍黄金理财产品、影响黄金产品价格的因素以及如何选择黄金理财产品。第五部分是第十一章“房地产理财”，主要介绍房地产的特点、影响房地产价格的因素以及如何对房地产投资进行选择。第六部分是第十二章“个人理财风险管理与防范”，主要介绍如何识别、分析和防范个人理财风险。

本教材突出了开放教育的特色，充实了资格认证、案例教学和技能训练等方面的内容，可较好地满足开放教育和远程教育院校对实用教材的需求。由于本教材的参编者多是开放教育院校的领导和业务骨干，其中包括国家级和省（市）级科研或教研项目的负责人和参与者，他们是既有丰富教学经验又有丰富实践经验的“双师型”教师，因此本教材具有以下特点：

（1）适应开放教育发展的要求，突出开放教育应用性、针对性、岗位性、专业性、自学性的特点。本教材在内容和课时两方面都力求适应教育部人才培养模式改革和开放教育试点的要求，理论以够用为度，同时加强实际操作训练，注重对学生个人理财能力的培养。

（2）兼顾学历课程内容与职业资格应试内容，提升了开放教育模式下学生的岗位竞争能力。本教材结合了学历教育和理财规划师职业资格考试所要求的内容，力求适应实际岗位的变化和新的要求。因此，本教材既可以作为开放学历教育的教材，也可以作为成人高校、自学考试以及职业资格培训的教学用书和自学用书。

（3）本教材配套的练习题答案和考核作业，为开放教育模式下师生的教与学提供了方便和帮助，有利于学生更好地理解教材内容，又可提高学生的学习兴趣。

（4）强调公认的、基本的概念、程序和方法，尽量减少不可靠、不成熟、不常用的内容。

（5）强调本教材内容的简洁和实用性，以适应不同层次学生的需求。

广州市广播电视大学财经学院的肖斌院长和郭凤林副教授担任本书主编，广东省广播电视大学的吴元水处长、广州市广播电视大学中奥分校的定雄武校长担任副主编。参加本书编写的还有广东省广播电视大学的杨翠友副教授、广州市广播电视大学的宋程丽副教授、黄仰玲讲师，广州市广播电视大学东方分校的汤惠斌注册会计师和周杰讲师，广州市广播电视大学从化分校的董绍江和曾小平老师。各章的编

写分工是：第一章、第二章由郭凤林和董绍江编写，第三章由黄仰玲编写，第四章、第五章由吴元水和曾小平编写，第六章和第十章由杨翠友和董绍江编写，第七章由周杰、郭凤林编写，第八章和第九章由肖斌和曾小平编写，第十一章由汤惠斌编写，第十二章由宋程丽编写。肖斌和郭凤林设计了全书的结构框架和大纲的编写，肖斌负责全书金融部分的总撰，郭凤林负责非金融部分的总撰，定雄武负责本书的全面检查和校对工作。

本教材由广东金融学院系主任张纯威教授主审，暨南大学系主任彭先展教授和广东商学院葛敬东教授担任审稿人，他们对本教材的编写提出了非常好的修改意见。

我们相信，本教材对于开放教育的改革与发展以及财务职业专业人才的培养将起到积极的推动作用。对于教材中存在的一些不尽如人意之处，我们也将通过今后的教学实践不断进行修订、完善和充实，以便更好地服务于开放教育和职业技术教育。

作者

2012 年 2 月

目　录

第一章 个人理财概论

【学习指导】

通过本章的学习，学生应理解个人理财的概念、意义、原则和内容，能对个人理财有一个总体认识，为后续知识的学习打好基础。

第一节 个人理财的概念及意义

以往人们在谈到理财时，一般是指公司理财或企业财务策划，很少论及个人理财规划。近年来，个人理财规划已成为与公司理财并列的理财学分支，并在现代社会经济生活中扮演越来越重要的角色。

一、个人理财的概念

（一）个人理财的定义

我们知道，追求极大化是“经济学”的基本精神，依照客观事实做成财务记录是“会计学”的基本原则，资金的筹措及运用是“财务学”的主要课题。“个人理财”正是这些学科综合运用的具体呈现，它以“经济学”追求极大化为精神，以“会计学”的客观记录为基础，以“财务学”的运作方式为手段，希望达到实现个人理想、提升生活品质、丰富家庭生活的目标。

以最少的代价获取最大的收益是经济学的基本精神，但这并不表示我们吝于付出。因为资源是有限的，稀少的资源迫使我们必须做出选择，而理财行为就是用聪明的选择，找出代价最少、收益最大的一条路，让有限的资源发挥最大的功用。在生活的旅程中，我们常常面临选择，在正确抉择的同时，也代表了我们对环境的认知、对专业的依赖以及对自己的信心。

个人理财是在对个人收入、资产、负债等数据进行分析整理的基础上，根据个人对风险的偏好和承受能力，结合预定目标运用储蓄、保险、证券、外汇、收藏、住房投资等多种手段管理资产和负债，合理安排资金，从而在可承受的风险范围内实现资产增值最大化的过程。

现代意义上的个人理财不同于单纯的储蓄或投资，它不仅包括财富的积累，而且还囊括了财富的保障和安排。财富保障的核心是对风险的管理和控制，也就是当自己的生命和健康出现了意外或个人所处的经济环境发生了重大不利变化（如恶性通货膨胀、汇率大幅降低等问题）时，自己和家人的生活水平不致于受到严重的影响。

（二）个人理财的内涵

近年来，“理财”一词频繁见诸报端，各金融机构推出的新产品往往高举“理财”大旗，但人们对“理财”的理解往往并不科学。科学的理财是指个人或专业人士及机构根据生命周期理论，依据个人（家庭）财务及非财务状况，运用规范、科学的方法，并遵循一定程序制定的切合实际、可操作的某一方面或一系列相互协调的规划方案，最终实现个人（家庭）终身的财务安全与财务自由。

个人理财的概念强调以下几点：

(1) 个人理财是全方位的综合资产、负债的管理过程，而不是简单的金融产品买卖。它不局限于某一种金融产品，而是个人（家庭）对不同阶段各种理财目标全方位、多层次、个性化的规划过程。

(2) 个人理财强调个性化。每个人都有自己独特的财务与非财务状况，而且往往差异巨大。这就决定了个人理财不可能有一成不变的模式，而是因个人的情况而异。

(3) 尽管个人理财经常以短期规划方案的形式表现，但就生命周期而言，个人理财是一项长期规划，它贯穿人的一生，而不是针对某一阶段的规划。

二、个人理财的意义

人的一生，在一定意义上是一个不断满足自身各种物质和精神需要，追求整个生命阶段效用最大化的过程。“衣食足而知荣辱”，尽管人在一生当中会面临多种需要，但一般来说，人们在转向较高层次的需要之前，总是先尽力满足较低层次的需要。正是基于这一社会现象，马斯洛提出了著名的需要层次理论。在人们不断追求满足更高层次需要的过程当中，财产的获取、保护和运用是一个无法回避的问题，因为个人对财产的管理不可或缺。

在人的一生中，人们希望满足各个层次的需要：人们在满足温饱的前提下，追求的是安全无虞；当基本的生活条件获得满足之后，则要求得到社会的尊重，并进一步追求人生的终极目标——自我实现。所有这些都与理财密切相关。理财的目的就在于追求更加丰富多彩的人生。个人理财的终极命题就是如何有效地安排个人有限的财务资源，实现其一生满足感的最大化。

个人理财是个人一生的财务计划，它是一种良好的理财习惯，是理性的价值观和科学理财计划的综合体现；同时，个人理财又是一个动态的、与时俱进的、通过不断调整计划来实现人生或家庭财务目标的过程，也就是追求财务自由的过程。所谓财务自由是指个人或家庭的收入主要来源于主动投资而不是被动工作。财务自由主要体现在投资收入可以完全覆盖个人或家庭发生的各项支出，个人从被迫工作的压力中解放出来，已有财富成为创造更多财富的工具。此时，与财务安全相比，个人或家庭的生活目标有了更强大的经济保障。

第二节 个人理财的原则

个人理财要想取得成功，需要有一定的专业知识，具备较强的综合能力。个人在理财的过程中要注意遵循一定的原则，概括起来主要有以下几个方面：

（一）整体规划原则

整体规划原则既包括规划思想的整体性，也包括理财方案的整体性。整体由部分组成，影响个人（家庭）财务状况的各个方面密切相关，一个方面出现了变化，必然会对相关部分产生影响。因此，在进行个人理财规划时，不仅要综合考虑个人（家庭）的财务状况，而且要关注个人（家庭）的非财务状况及其变化，进而提出符合个人（家庭）实际和目标预期的财务规划，这是个人理财规划要遵循的基本原则之一。个人理财的方案不是单一性的规划，而是包括现金规划、投资规划、纳税筹划、退休规划、风险管理和保险规划以及遗产规划等单项规划在内的综合性规划。每个单项规划可以针对某一方面的具体问题提供解决方案，但仅仅依靠单项规划并不能全面实现个人（家庭）的理财目标，因此，个人理财必须是一个全面综合的整体性解决方案。

（二）提早规划原则

货币经过一段时间的投资和再投资可以进一步增值，即货币的复利现象。由于货币具有这样的特性，所以个人理财应尽早开始，理财方案应尽早制定。一方面，提早规划可以尽量利用复利的“钱生钱”功效；另一方面，由于准备期长，可以减轻各期的经济压力。很多人认为消费支出规划、投资规划、退休养老规划等到中年再开始考虑，或者认为这都是有钱人的事。其实，所有的规划越早进行就越能承担风险，各期的经济压力也越小，并可以经过漫长时间的复利作用来积累财富。事实上，能否通过个人理财达到预期的财务目标，与金钱多少的关联度并没有人们想象的那么大，却与时间长短有很直接的关系，因此个人理财要及早进行。

（三）现金保障优先原则

根据专业理财规划的基本要求，建立个人（家庭）在出现失业、大病、灾难等意外事件的情况下也能安然渡过危机的现金保障系统十分关键，这也是个人（家庭）在进行理财规划前应首先考虑和重点安排的事情。只有建立了完备的现金保障，才能考虑将个人（家庭）的其他资产进行专项安排。一般来说，家庭建立的现金储备要包括日常生活消费储备和意外现金储备：

（1）日常生活消费储备。对于多数家庭来说，一旦主要经济收入创造者因为失业

或其他原因失去劳动能力，或者失去收入来源，往往会对整个家庭的生活质量造成严重影响。为了应对这一风险，在进行个人理财时要建立日常生活消费储备，以保障家庭的正常生活。

（2）意外现金储备。意外现金储备是个人（家庭）为了应对重大疾病、意外灾难、突发事件的计划外开支而做的准备，用以预防可能发生的重大事故对家庭经济的短期冲击，比如车祸或重大疾病的垫资。受传统生活方式和价值观的影响，家族观念对于中国人一直有着或多或少的影响，在理财方面也不例外。在某些情况下，意外现金储备包含了家庭的亲友出现生产、生活、教育、疾病等重大事件需要紧急支援的准备。

（四）风险管理优于追求收益原则

个人理财首先应考虑的因素是风险，而非收益。风险是指事物发展的不确定性所引起的期望结果发生变化的可能性；或者说，在特定的时间和客观的情况下，某种收益或损失发生的不确定性。个人理财旨在通过财务安排和合理运作来实现个人（家庭）财富的保值增值，最终使生活更加舒适、快乐。保值是增值的前提，个人理财必须评估可能出现的各种风险，合理利用规划工具规避风险，并采取措施应对这些风险。追求收益最大化应基于风险管理的基础之上，因此在进行个人理财时，应根据生命周期的不同阶段及风险承受能力制定不同的理财方案。

（五）消费、投资与收入相匹配原则

消费支出通常用于满足短期需要，投资具有追求将来更高收益的特质，收入无疑是两者的源头活水。在收入一定的前提下，消费与投资支出往往此消彼长。个人理财规划应该正确处理消费、资本投入与收入之间的矛盾，形成资产的动态平衡，确保在投资达到预期目标的同时保证生活质量的提高。在现实中，应特别注意使消费与收入相匹配，在购房规划中要充分考虑月供与还贷能力，使用信用卡时不要成为“卡奴”。投资规模也应与收入相匹配，将风险控制在自己的承受范围之内。此外，还应注意投资和消费支出安排要与现金流状况相匹配。

（六）家庭类型与理财策略相匹配原则

基本的家庭模型有青年家庭、中年家庭和老年家庭三种。对于不同的家庭形

态，财务收支状况、风险承受能力各不相同，理财需要和具体理财规划内容也不尽相同。根据不同家庭形态的特点，个人理财要分别制定不同的理财规划策略。一般来说，青年家庭的风险承受能力比较高，理财规划的核心为进攻型；中年家庭的风险承受能力中等，理财规划的核心策略为攻守兼备型；老年家庭的风险承受能力比较低，因此理财规划的核心策略为防守型。

（七）投资组合多样化原则

一般来说，年轻人可能都想在高科技类股或新兴市场上多下点注，而上了年纪的人则倾向于将钱投到蓝筹股里，但理智的做法是让你的投资组合多样化。“年轻人可以把鸡蛋放在一个篮子里”，这是一种误解。你可以采取积极进取的投资策略，但最好是外国股票、大盘股和小盘股都有一点。如果财务实力较好，也可以在黄金、期货、外汇、债券等方面进行一些投资，这样可以实现投资组合的多样化。

（八）避免高成本负债原则

个人理财避免高成本的关键是要处理好信用卡透支问题。我们常常会在手头紧的时候透支信用卡，而且往往不能及时还清透支，结果是月复一月地付利息，导致负债成本过高，这是最不科学的做法。

（九）多学习理财规划知识的原则

如何让个人理财更科学、更合理，关键在于自己的认识，所以要多学习、多规划。《马太福音》中有句经典之言：让贫者越贫，富者越富吧！在理财领域有一句话叫“你不理财，财不理你！”实际是指你对于理财的用心程度将直接影响理财结果。如果加上“马太效应”的规律，你可以估算到理财结果将对你的终生造成多大的影响。有心人曾计算过，每年相差 1 个百分点的收益率在 30 年后对你的财富来讲将相差巨大的数额。因此，现在的年轻人如果花点心思在理财上，将导致截然不同的晚年生活质量。

理财是一生的功课，理财需要扎实的基本功，世界上不存在什么三天就会的理财诀窍，更不可能有什么保赚不赔的理财通道。只有掌握丰富的理财知识，才能对各种理财方式做深透的解析，构建自己高明的理财思维，让你无论在何种金融形势下都能做出明智的理财判断。

第三节 个人理财的主要内容及工具

个人理财规划的具体内容包括现金规划、消费支出规划、教育规划、风险管理与保险规划、纳税筹划、投资规划、退休养老规划、财产分配与财产传承规划等方面。在进行具体规划时，还要注意生命周期理论与家庭模型。

一、个人理财规划的主要内容

根据以上的生命周期理论与家庭模型，我们把个人在整个生命周期中的个人理财规划内容简要介绍如下。

（一）现金规划

现金规划的基本内容是对家庭或者个人日常的现金及现金等价物的管理。现金规划的核心是建立应急基金，保障个人和家庭生活质量及状态的持续稳定。现金规划在个人理财规划中居于十分重要的地位，现金规划是否科学合理将影响其他规划能否实现。因此，做好现金规划是个人理财的必备基础。

（二）消费支出规划

消费支出规划主要是基于一定的财务资源下，对家庭消费水平和消费结构进行规划，以达到适度消费、稳步提高生活质量的目标。家庭消费支出规划主要包括住房消费规划、汽车消费规划以及信用卡与个人信贷消费规划等。影响家庭财富增长的重要原则是“开源节流”，在收入一定的情况下，如何做好消费支出规划对一个家庭的财务状况具有重要的影响。

（三）教育规划

对于大多数家庭而言，教育支出是一项重要支出项目，而且是最容易忽视且数额越来越大的一笔支出，所以提前做好子女的家庭教育规划显得尤为重要。所谓教育规划就是指在收集家庭的教育需求信息、分析教育费用的变动趋势并在估算教育费用的基础上，为家庭选择适当的教育费用准备方式及工具，制定可调整的教育规划方案。

（四）风险管理与保险规划

风险管理是个人（家庭）用以降低风险负面影响的决策过程，而风险管理与保险规划是指个人（家庭）通过对风险的识别、衡量和评价，并在此基础上选择各种风险管理技术，对风险实施有效控制和妥善处理风险所致损失的后果，以尽量小的成本去争取最大的安全保障和经济利益的行为。天有不测风云，所以人们需要对自己的家庭及个人进行风险管理规划，通过购买保障来满足自己的安全需要。现代社会的金融创新层出不穷，保险品种纷繁复杂。个人理财中的风险管理与保险规划旨在通过对个人（家庭）经济状况和保障需要进行深入分析，选择最合适的风险管理措施来规避风险。

（五）纳税筹划

出于对自身利益的考虑，纳税人往往希望将自己的税负减到最小，在合法的前提下尽量减少税负是每个纳税人十分关注的问题。个人纳税筹划是指在纳税行为发生前，在法律允许的范围内，通过对纳税主体的经营、理财等经济活动的事先筹划和安排，充分利用税法提供的优惠和差别待遇来减轻税负，达到税后收益最大化的过程。

（六）投资规划

投资规划是根据个人（家庭）投资理财目标和风险承受能力，为自己选择合理的资产配置方案并构建投资组合来实现理财目标的过程。制定合适的投资规划是个人理财规划水平的充分体现，但并不是投资规划收益越高，理财的水平就越高，合适的投资规划是为了个人（家庭）不同时期的理财目标而设计的，不同的理财目标要借助不同的投资产品来实现。

（七）退休养老规划

退休养老规划是为了保证个人在将来有一个自立、有尊严、高品质的退休生

活，而从现在开始积极实施的规划方案。合理有效的退休养老规划不仅可以满足退休后的生活需要，保障自己的生活品质，抵御通货膨胀的影响，而且可以显著提高个人的净财富。退休养老规划的核心是分析退休需要和选择退休规划工具。具体来说，退休养老规划的工具包括社会养老保险、企业年金、商业养老保险以及其他储蓄和投资方式。

（八）财产分配与财产传承规划

财产分配规划是指为了家庭财产在家庭成员之间进行合理分配而制定的财务规划。个人理财规划要对家庭财产进行合理分配，以满足家庭成员在家庭发展的不同阶段产生的各种需要。财产传承规划是指当事人在其健在时通过选择遗产管理工具和制定遗产分配方案，将拥有或控制的各种资产或负债进行安排，确保在自己去世或丧失行为能力时能够实现家庭财产的代际传承或安全让渡等特定的目标。

二、个人理财的主要工具

由于个人理财的专业性极强，涉及多方主体和诸多因素，涵盖保险、投资、税收、现金、消费、教育、养老、财产分配与传承等各项规划，因此个人理财运用的主要工具极其广泛。个人理财规划运用的主要工具包括：

（一）共同基金

共同基金也称公募基金，是指通过公开发行基金单位的方式，集中投资者的资金，由基金托管人托管，由基金管理人管理和运用资金，从事证券投资。共同基金将众多投资者的资金集中起来，委托基金管理人进行共同投资，因此表现出集合理财的特点，即具有专业化、大众化、低风险、高收益等特点。相对于其他投资工具来说，共同基金的投资起点低，比较适合大众投资者。根据投资对象的不同，共同基金可分为不同类型，每种类型的基金收益和风险特征各不相同，因此在进行基金投资时，投资者应根据自己的情况，确定适合自己的基金进行投资。

（二）商业保险

“天有不测风云，人有旦夕祸福”。人生总会面临各种风险与意外，如果能够早做安排，就很有可能将意外事件带来的损失降到最低限度，从而达到规避风险、保障生活的目的。保险是风险管理中传统有效的财务转移机制，人们通过保险将自行承担的风险进行转移，以小额固定的保费支出来换取对未来不确定的、巨大风险损失的经济保障，使风险的损害后果得以减轻或消除。在所有的理财工具中，保险的防御性最强，因此保险是财务安全规划的主要工具之一。

（三）固定收益证券

固定收益证券也称固定收入证券，它是一种要求发行者按照发行时规定的时间和方式向投资者支付利息和偿还本金的有价证券。从存量来看，债券构成了我国固定收益证券的主体，因此很多人将固定收益证券等同于债券。其实，按照固定收益证券的定义，中央银行票据、结构化产品、资产支持证券、优先股也属于固定收益证券的范畴。由于固定收益证券未来现金流发生的时间和金额都有预先规定，因此风险较低、收益也较稳定，适合保守型投资者的需要；与此同时，固定收益证券也被广泛应用于各种风险程度的资产配置当中。

（四）股票

作为交易对象和质押品，股票已成为金融市场上主要的、长期的信用工具。实际上，股票只是代表股份资本所有权的证书，本身并没有任何价值，而是一种独立于实际资本之外的虚拟资本。股票一经认购，持有者不能以任何理由要求退还股本，只能通过证券市场将股票转让或出售。股票投资的收益来自于上市公司的分红和买卖价差，但我国上市公司的分红很少，因此进行股票投资的投资者应具备较强的经济实力、专业能力及良好的心理素质。在以股票作为投资工具时，投资者还应注意通过投资组合来降低风险。

（五）期货

期货是交易双方按约定价格在未来某一期间完成特定资产的交易行为。期货交易的最终目标并不是商品所有权的转移，而是通过买卖期货合约来回避现货价格风险。按照不同的交易标的，期货可分为商品期货和金融期货。前者是期货交易的最初品种，主要包括农产品期货、有色金属期货、能源期货、化工产品期货等。后者是指以金融工具作为标的物的期货合约，主要包括外汇期货、利率期货和股票指数期货等。目前，我国三大期货交易所分别是上海商品期货交易所、大连商品期货交易所和郑州商品期货交易所。2006 年 9 月，上海成立了中国金融期货交易所，而后《期货交易管理条例》于 2007 年 4 月 15 日开始实施，沪深 300 股指期货合约自 2010 年 4 月 16 日起上市交易。由于期货实行保证金交易制度，而且交易的损失远不止保证金的数额，因此投资期货产品的风险比较大。

（六）外汇

就金融投资而言，世界上规模较大的投资市场有外汇市场、债券市场和股票市场。其中，外汇交易市场以每月约 1.5 万亿美元的交易量称雄。受各种宏观因素、微观因素以及自然原因的影响，一个国家的货币兑换另一个国家货币的比值（汇率）都是不断浮动的。一般来说，一个经济前景看好、政局稳定的国家的货币相对一个经济发展减速或经济倒退、政局动荡的国家的货币来说，其价值（汇率）会不断走高，反之则下降。因此，在外汇市场进行投资正是利用汇率本身的变动，进行低买高卖或高卖低买，通过其中的价差来获取利益。随着外汇形成机制的改革、浮动范围的扩大以及炒汇手段的多样化，越来越多的人投入到炒汇当中。外汇的汇率随着市场而波动，所以需要投资者有敏锐的洞察力和相对及时的信息来源。

（七）黄金

近年来，黄金价格稳步上扬，黄金的保值增值功能凸显。尽管很少有人把黄金作为主要的投资产品，但将黄金作为理财规划的工具具有非常重要的意义：以黄金作为理财组合中的一个重要部分与其他投资产品进行资产配置，可以获取相对稳健的理财收益。黄金投资一般分为实物黄金投资和纸黄金投资。实物黄金通常包括金条、金币和黄金饰品。实物黄金的交易对象直观，但缺点是兑现难、交易成本高，而纸黄金的报价通常参考国际黄金报价，即通过即时的汇率折算成人民币后再报价，具有交割方便的特点。目前，很多商业银行都已推出了纸黄金交易业务。

（八）其他

在个人理财规划中，有时会运用上述工具以外的其他工具，如银行理财产品、权证、券商集合理财产品、房地产、私募股权基金、对冲基金等。如果读者有兴趣，可以去了解这些理财工具。

思考与练习

一、单项选择题

1. 财务自由是指个人或家庭的收入主要来源于（　　）。

A. 努力工作　B. 主动投资　C. 被动投资　D. 被动工作

2. 个人理财的最终目标是（　　）。

A. 财务安全　B. 财务自由　C. 财务独立　D. 个人收入最大化

3. 青年家庭理财规划的核心策略是（　　）。

A. 防守型　B. 攻守兼备型　C. 进攻型　D. 无法确定

4. 家庭收入主导者的生理年龄在 55 周岁以上的家庭为（　　）。

A. 青年家庭　B. 中年家庭

C. 老年家庭　D. 视家庭和其他成员而定

5. 现金规划的核心是建立（　　）基金。

A. 日常生活基金　B. 投机

C. 应急　D. 日常生活和投资

6. 在下列理财工具中，（　　）的防御性最强。

A. 固定收益证券　B. 股票　C. 期货　D. 保险

7. 下列哪项不属于固定收益证券的范畴？（　　）

A. 中央银行票据　B. 国债　C. 优先股　D. 普通股

8. 家庭与事业成长期的需求分析不包括（　　）。

A. 增加收入　B. 风险保障　C. 储蓄和投资　D. 财产传承

9. 理财规划必备的基础是（　　）。

A. 做好现金规划　B. 做好教育规划　C. 做好纳税筹划　D. 做好投资规划

10. 个人进行理财规划的目标通常是财产的保值和增值，下列哪项规划的目标更倾向于实现个人（家庭）财产的增值？（　　）

A. 现金规划　B. 风险管理与保险规划

C. 投资规划　D. 财产分配与传承

二、多项选择题

1. 在个人理财的过程中，应遵循以下哪些原则？（ ）

A. 整体规划　　B. 提早规划

C. 现金保险优先　　D. 追求收益优于风险管理

E. 消费、投资与收入相匹配

2. 将个人理财的重要时期进一步细分，可分为哪几个时期？（ ）

A. 单身期　　B. 家庭与事业形成期

C. 家庭与事业成长期　　D. 退休前期

E. 退休期

3. 单身期理财不需要分析以下哪些内容？（ ）

A. 租赁房屋　　B. 建立退休资金

C. 满足日常支出　　D. 增加收入

E. 提高投资收益的稳定性

4. 个人持有现金主要是为了满足（ ）。

A. 日常开支需要　　B. 预防突发事件需要

C. 投机性需要　　D. 心理满足需要

E. 投资需要

5. 下列属于个人理财内容的是（ ）。

A. 现金规划　　B. 投资规划

C. 风险管理和保险规划　　D. 教育规划

E. 消费支出规划

三、判断题

1. 个人理财规划要解决的首要问题是保障财务安全。（ ）

2. 个人制定的投资规划收益高，说明个人理财的水平就高。（ ）

3. 投资外汇没有风险。（ ）

4. 商业保险是为了增加收益。（ ）

5. 期货的风险大于股票。（ ）

第二章

个人理财规划

【学习指导】

通过本章的学习，学生应能掌握个人理财规划的目的，制定个人理财的目标，并能根据理财目标的要求，制定出科学、合理的个人理财规划方案。

第一节　个人理财规划的目的

个人理财首先要有目的性，要知道自己理财是为了未来集中消费（如买房买车），还是为了获取最大的收益，或者是基于保障的投资（如保险）。了解投资的目的可以更好地选择投资方式，设定目标收益值。如果以未来消费为目的，理财的实质是储蓄、保值，此时风险是最主要的控制因素。如果要获取最大收益，则要对投资工具进行分析，选择适合自己的投资方式，在获取收益的同时需要承担一定的风险。

人的一生，从出生、幼年、少年、青年、中年到老年，各个时期都需要用钱，理财就是为了应对各种各样的生活需要。具体说来，理财的目的是为了应对以下几方面的需要：

（一）应对独立生活的需要

任何人都不可能永远生活在父母的庇护下，不论是从 18 岁开始还是从大学毕业开始，迟早是要独立生活的，而独立生活的前提是财务独立，因此财务独立可以说是理财的目的之一。在财务不独立时，每个人都不会想到理财，因为一切皆有父母操心安排，自己没有收入，也就是没有财务自由权，此时基本上是无财可理。但是，当你大学毕业并有了收入之后，就需要对自己的收入和支出有一个比较合理的安排，其实这就是理财的开始。

（二）应对建立家庭和维护家庭和谐幸福的需要

当前的社会，金钱是婚姻、家庭的根本，你要想结婚成立家庭，首先就要准备好足够多的资金，钱是家庭生活的润滑剂。例如，买房子、购置结婚用品、购买家庭生活用品、为家庭成员购买礼品等，都要有足够的资金作为基础。要想有足够的资金满足建立家庭和维持家庭生活的需要，就应提前进行理财，以便合理安排支出来节省资金或通过适当的投资使资金增值。

（三）应对赡养父母和抚养子女的需要

人人都可能面对“上有老、下有小”的日子，无论是老人的生活费或医药费，还是孩子的生活费或学费，都需要你事先准备足够多的资金来应对，而实现这一切通常是建立在理财规划的基础之上。

（四）应对提高生活水平的需要

人人都希望过好日子，都希望将小房子换成大房子，将普通汽车换成高级汽车，以及到国外旅游度假，而所有这一切都离不开资金的支持，也就是离不开个人理财。

（五）应对意外风险的需要

“天有不测风云，人有旦夕祸福。”在人们的一生中，总会有意想不到的事情发生，这些事情有可能对家庭财务状况造成巨大的影响，因此我们应该通过事先购买保险的方式达到转嫁风险的目的，以弥补家庭财产的损失和减轻人生悲剧的痛苦。

（六）应对养老生活的需要

现代家庭的子女基本上都是独生的，我们很难指望子女养老，所以每个人在年轻时就要为自己存储养老金，以便使自己老有所养，这样既能减轻孩子的负担，也能使自己过上幸福的晚年生活。

第二节　个人理财规划的目标

在年龄、性别、个性、职位、收入、家庭状况及追求的个人目标都不尽相同的情况下，对钱财的处理态度和方法也会因人而异。不少人对钱财的运用懒得理会，毫无计划；有些人更是寅吃卯粮，或是有钱就去“赌”股票，等到出现个人财政困难时，才追究自己失败的原因。这就是欠缺周详计划，从未考虑过理财及投资的结果。无论你是什么样的人，都应先订立个人理财目标。

一、个人理财的总体目标

人生的目标多种多样，个人理财规划解决的主要问题是在个人财务资源受到约束的情况下，在财务方面实现个人生活的问题，即理财目标的实现。每个人的理财目标都不相同，同一个人在不同阶段的理财目标也不相同，但从一般角度来说，理财规划的目标可以归结为两个层次，即实现财务安全和追求财务自由。

实现财务安全是个人理财规划要解决的首要问题，只有实现了财务安全，才能实现人生各阶段收入与支出的基本平衡。所谓财务安全是指个人或家庭对自己的财务现状有充分的信心，认为现有的财富足以应对未来的财务支出和其他生活目标的实现，不会出现大的财务危机。一般来说，衡量一个人或家庭的财务安全主要有以下内容：①是否有稳定充足的收入；②个人是否有发展的潜力；③是否有充足的现金准备；④是否有适当的住房；⑤是否购买了适当的财产和人身保险；⑥是否有适当、收益稳定的投资；⑦是否享受社会保障；⑧是否有额外的养老保障计划。当然，这些衡量标准只是参考性的，具体的安全标准要根据每个人的实际情况确定。

理财规划是一个人一生的财务计划，它是一种良好的理财习惯，是理性的价值观和科学的理财计划的综合体现。同时，理财规划又是动态的，不是一成不变的。通过不断调整理财规划来实现人生财务目标的过程，也就是追求财务自由的过程。所谓财务自由是指个人或家庭的收入主要来源于主动投资而不是被动工作。财务自由主要体现在投资收入可以完全覆盖个人或家庭发生的各项支出，个人从被迫工作的压力中解放出来，已有的财富成为创造更多财富的工具。此时，个人或家庭的生活目标相比财务安全的层次有了更强大的经济保障。

为了进一步了解财务安全、财务自由和个人（家庭）收入之间的关系，我们将收入划分为投资收入、工薪类收入，将个人（家庭）发生的各项支出统一叫做“支出”。在实际生活中，伴随着子女的出生、成长、独立生活，个人（家庭）支出的趋势应该是随时间先增长后下降的，而且投资收入、工薪类收入也不会是简单增长或一成不变的。为了简化问题，假定在图 2—1 所代表的时间内：①工薪类收入与个人（家庭）支出是固定不变的；②工薪类收入不能满足支出总额；③投资收入随时间增长。这样一来，我们可以用图 2—1 来表示三者之间的关系。其中，L 为工薪类收入线；C 为支出线；I 代表投资类收入；T 代表总收入，是投资收入与工薪类收入的总和。

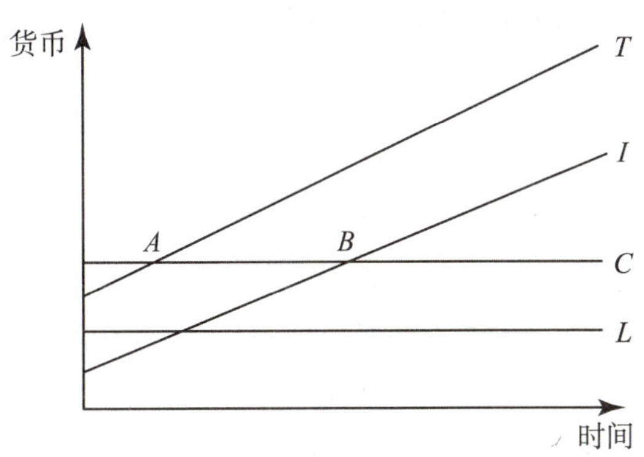

图 2—1　总收入、工薪类收入、投资收入与支出

从图 2—1 可以看出，在 A 点以前，支出超过了总收入，个人可能要靠借款度日，此时还谈不上财务安全，更不用说财务自由了；当支出在总收入以下但在投资收入以上（A 与 B 之间）时，总收入完全能够弥补支出，我们说此刻达到了财务安全但没有达到财务自由；只有当投资收入涵盖了支出（从 B 点以后）后，才算实现了财务自由。在实现财务自由后，个人不再为赚取生活费用而工作，投资收入将成为个人（家庭）收入的主要来源。

二、个人理财的具体目标

在个人理财的规划工作中，财务安全和财务自由目标在现金规划、消费支出规划、教育规划、风险管理与保险规划、纳税筹划、投资规划、退休养老规划、财产分配与财产传承规划八个具体规划中体现，集中表现为以下八个方面：

（1）必要的资产流动性。为了满足日常开支、预防突发事件，个人有必要持有流动性较强的资产，以保证短期内有足够的资金来支付计划中和计划外的费用，但个人又不能无限地持有现金类资产，因为过强的流动性会降低资产的收益能力。长期以来，我国大部分人持有现金类资产的比重普遍偏高，这充分说明我国公众尚未形成有效的现金管理理念。个人在进行理财规划时，既要保证个人（家庭）资金的流动性，又要考虑现金的持有成本，通过现金规划使短期需要可用手头现金来满足，而预期的现金支出可通过各种储蓄或短期投资工具来满足。

（2）合理的消费支出。个人理财的首要目的并非个人理财价值最大化，而是使个人财务状况稳健合理。在实际生活中，减少个人开支有时比寻求高收益更容易达成理财目标。个人（家庭）的大额消费支出（如购房、购车）往往对家庭生活影响较大，甚至成为家庭一定时期内最沉重的负担，有人还因此沦为债务负担沉重的“房奴”、“车奴”，巨大的还贷压力严重影响了家庭生活质量，这与缺乏有效的消费支出规划不无关系。

（3）实现教育期望。随着市场对优质人力资源的需求增大，接受良好的教育成为提高自身本领和适应市场变化的重要条件，因此人们对接受教育程度的要求越来越高。近年来，教育费用持续上升，教育开支的比重占家庭总支出的比重越来越大。与此同时，教育规划本身缺乏时间和费用弹性，因此人们理应及早对教育费用进行规划。通过合理的财务计划，可以确保个人（家庭）将来有能力合理支付自身及其子女的教育费用，充分达到个人（家庭）的教育期望。

（4）完备的风险保障。在人的一生中，风险无处不在，一个人在日常生活中经常会遇到一些意料不到的问题，如生病、伤残、亲人离世、天灾、失窃、失业等，这些意外事件都不同程度地影响着个人（家庭）的生活。为了抵御这些不测与灾害，必须进行科学的理财规划。通过风险管理与保险规划做出适当的财务安排，将意外事件带来的损失降到最低限度，可使个人（家庭）更好地规避风险。同时，在进行理财规划的过程中还应注重对非保障类的风险进行管理，以更好地保护个人生活。

（5）积累财富。个人财富的增加可以通过减少支出来相对实现，但个人财富的绝对增加需要通过增加收入来实现。薪金类收入毕竟有限，但投资具有主动争取更高收益的特质。正确的财富积累方式是根据理财目标、个人可投资额以及风险承受能力进行资产配置，确定有效的投资方案，使投资收入占家庭总收入的比重逐渐提高，确保该投资方案带给个人或家庭的财富越来越多，并逐步成为个人或家庭收入的主要来源，最终实现财务自由。

（6）合理的纳税安排。“税”与每个人的生活息息相关，纳税是每个公民的法定义务，但纳税人往往希望将自己的税负降至最低。合理的纳税安排是指纳税人在法律允许的范围内，通过对纳税主体经营、投资等经济活动的事先筹划和安排，充分利用政策优惠和差别待遇，适当减少或延缓税负支出，达到整体税后收益最大化。

（7）安享晚年。根据统计和推测，到 2050 年，我国 60 岁和 65 岁以上的老龄人口总数将分别达到 4.5 亿人和 3.35 亿人，这意味着每 3 个人中就有 1 个老人。人口老龄化对社会保障覆盖面、现行的家庭养老模式、中国的养老基金支付能力都提出了严峻的挑战。传统的社会保障与家庭养老模式已被打破，所以有必要在青壮年时期进行财务规划，使人们到晚年能过上“老有所养，老有所终，老有所乐”的老年生活。

（8）有效的财产分配与传承。家庭关系是最重要的社会关系，但近 20 年来，全国法院审理的婚姻家庭、继承纠纷案件的一审总量逐年增长，其中有很多案件是由于财产问题引发的。通过理财规划可以对相关财产进行事先约定，以规避家庭财务风险、减少财产分配过程中的支出、对财产进行合理分配，从而满足家庭成员在家庭发展不同阶段产生的各种需要，避免财产分配过程中可能发生的纠纷，进而促进家庭关系和谐。伴随个人（家庭）财富的积累，个人财产如何传承备受关注。个人在理财时要选择适当的遗产管理工具并制定遗产分配方案，从而确保在本人去世或丧失行为能力时其个人意愿能够得以实现，使家庭财产代代相传。

三、理财目标的分类

前面关于理财目标的内容是在一般意义上的概括，而不是依据一定标准进行的分类。下面简单介绍一下国际上对于个人理财目标的几种主要分类。

（一）按照实现时间进行分类

理财目标按照实现时间可以分为短期目标、中期目标和长期目标。

(1) 短期目标。短期目标是指在短期内（一般在 5 年左右）就可以实现的目标。短期目标一般需要每年或每两年制定或修改，如将日常开支减少 15%、装修房屋、购买手提电脑等。

(2) 中期目标。一般来说，中期目标是指需要 6～10 年才能实现的目标。制定中期目标后，一般不再频繁修改，只在必要的情况下才进行调整。例如，大学毕业计划购买房产、接近退休年龄安排退休金的投资问题等。

(3) 长期目标。一般来说，长期目标是指需要 10 年以上的时间才能实现的目标。例如，在 30 岁时设定的退休保障目标。

需要说明的是，短期目标、中期目标和长期目标之间的界限并不是绝对的，特别是短期目标和中期目标之间的界限更不明显。此外，相同的理财目标对于不同理财主体的分类可能也不相同。例如，购买汽车对于一个刚毕业的学生来说可能是中期目标，但对于一个中年人而言，可能就是短期目标。

（二）按照重要性进行分类

按照理财目标的重要性，理财目标可以分为必须实现的理财目标和期望实现的理财目标。

必须实现的理财目标是指，对于个人的正常生活而言，必须要完成的计划。期望实现的理财目标是指，在保证个人正常生活水平的前提下，自己期望完成的计划。

在一般情况下，个人必须实现的理财目标主要包括保证日常的衣食住行等与自己生存密切相关的支出。由于个人必须实现的理财目标与自己的生存息息相关，因此在制定理财计划时应优先考虑。个人期望实现的理财目标有很多，比如环球旅游、购买豪华游艇、购买豪华住宅等。与个人必须实现的理财目标相比，期望实现的理财目标是在所有必须实现的理财目标满足后，再考虑其具体的实现途径和步骤。因此，如果个人的财务实力还无法满足必须实现的理财目标，那么就需要对个人期望实现的目标进行调整。

四、个人理财目标的确定

（一）个人理财目标确定的原则

理财目标是个人制定理财计划所要实现的愿望。但是，理财目标并不是个人“一厢情愿”的结果，也不是理财规划师随意确定的计划，个人理财目标的确定必须遵循一定的原则。

（1）个人理财目标必须具有现实性。理财目标是制定理财计划的基础，所以个人理财目标必须具有现实性。如果理财目标按个人情况根本无法实现，那么再好的理财计划也是空谈。例如，个人可用于投资的资金为20 000元人民币，其理财目标之一是该笔资金在年底变成200 000元人民币，这显然是不现实的。

（2）以改善个人财务状况，使之更加合理为主旨。实践中，有些人只重视投资目标，往往过于关注投资的高收益而忽略了从总体上改善财务状况。然而，个人总体财务状况的改善往往能给客户带来更大的收益，而且相对于通过投资创造收益更具有稳健性和确定性。

（3）个人理财目标要具体明确。如前所述，理财目标是个人制定理财计划的前提和基础，如果理财目标不具体、不明确，则个人在制定理财计划时也会无所适从。理财目标的具体、明确，主要体现为通过理财最终实现的个人财务状况究竟达到何种程度。理财目标越具体，越具有可操作性，对于正确制定理财计划越有帮助。

（4）个人理财目标必须考虑个人的现金准备。在日常生活中，任何人都会有意想不到的支出，如果没有做现金准备的话，就会影响个人的正常生活。所以，现金准备是理财目标中不可缺少的内容之一。在任何一个理财方案中，理财目标都要有现金准备这一项，只不过对于不同的个人或家庭来说，其现金准备的具体金额不同。

（5）个人理财目标要兼顾不同的期限和先后顺序。一般来说，任何个人理财的目标都不止一个，而且这些目标也不可能同时实现。所以，个人在分析自己短期目标、中期目标和长期目标的基础上，应结合个人的具体情况对自己具体的理财目标按照重要程度和紧迫程度进行重新排列，从而在理财计划中确定实现的步骤。

（二）个人理财目标确定的步骤

（1）个人应确保了解自己的自然情况、财务状况，并通过必要的测试，了解自己的风险偏好、投资需求和目标等主观判断信息。

（2）个人根据自己的财务状况及期望目标初步拟定理财目标后，应征询家人或理财专家的建议，对理财目标进行完善。

如何为自己（家庭）建立一个理财规划方案呢？这是每个人（家庭）都想解决的问题。个人（家庭）理财需要考虑的因素较为复杂，现在只懂得工作是远远不够的，要想富起来，就要知道如何管理你的钱财。下面通过李先生的具体理财规划方案来了解和掌握如何确立自己（家庭）的理财规划方案。

李先生今年35岁，目前担任一家企业的中层管理人员，尽管非常了解家庭理财的重要性，但由于他和妻子平时的工作都很繁忙，一直没有抽出时间进行家庭理财，也不清楚怎样合理地规划自己的家庭财务。随着股市开始回暖，看着周围的同事都在炒股买基金，李先生也想加入他们的行列。理财规划方案的确立可从以下五步着手：

（1）设定个人理财目标。根据理财的具体实践，按照专家的建议，就李先生目前所处的人生阶段而言，他的家庭完全可以有几个理财目标，最重要的是根据预期实现时间的长短，把理财目标分为短期目标、中期目标和长期目标，并合理配置资金，选择合适的投资工具，实现不同的理财目标。例如，对于李先生来说，短期目标可能是为一年后购房储备足够的首付款，中期目标可能是为十几年后子女去海外上大学筹措教育经费，而长期目标可能是为退休养老做好准备。

（2）了解财务状况。李先生在选择投资工具时，可以先仔细计算自己的收入和支出，对自己目前的财务状况有清晰的了解，并以此作为制定理财投资计划的基础。

个人（家庭）资产负债表、个人（家庭）收入支出表和负债比率可以为判断家庭财务状况提供参考。一般来说，家庭资产包括流动性资产（现金、活期存款等）、投资性资产（股票、债券、基金等）、使用性资产（车、房屋等）。家庭负债包括日常账单等短期负债和购房贷款、购车贷款等长期负债。负债比率是个人（家庭）负债总额与总资产的比值。根据实践经验可知，一般个人（家庭）的负债比率应控制在0.5以下，这样个人（家庭）发生财务危机的可能性较小，但也不应低至接近0的程度。

如果李先生想要改善家庭财务状况，可以通过分析在某个时间段内家庭收入和支出的情况，如家庭收入中工作收入和理财收入的比例、家庭支出中日常必需品支出和非必需品支出之间的比例等，对收支进行调整。

（3）评估风险承受能力。我们经常听到这样一句话：“股市有风险，入市需谨慎。”事实上，不仅是股市，只要是投资，就一定会伴随着风险。

每个人风险承受能力的高低也是个人理财规划中需要考虑的重要因素。理财专家建议，李先生要先了解自己可以接受的风险程度，然后再选取适合的投资工具。如果李先生的风险承受能力较高，可以考虑一些高风险、高回报的投资工具，如股票权证、期货等；如果李先生的风险承受能力较低，可考虑一些较为保守的投资工具，如债券、保本基金等。

此外，在不同的人生阶段和不同的财务状况下，同一个投资者的风险承受能力也不尽相同，因而需要根据具体情况调整投资策略。

理财专家介绍，一般来说，随着年龄的增长，理财规划的目标会由年轻时的“资产累积”转变为“资产增值”，等到计划退休时，又会演变为“资产保值”。投资者的风险承受能力也会随着年龄的增长而由强变弱。

由于单身人士的家庭负担较少，所以他们对风险的承受能力一般要强于已婚人士。因此，单身人士往往在投资时选择较为进取的投资组合。“像李先生这样的已婚人士，出于置业和子女教育经费的考虑，一般倾向于选择较为保守的投资组合”，理财专家说。

另外，理财专家还特别指出，在制定投资计划时，收入的多少和稳定性也是影响风险承受能力的一个因素。如果李先生预期将来家庭收入会下跌，则应在理财规划时增加储蓄，并选择较为保守的投资工具。

（4）选择投资工具。在制定理财规划时，个人可以按照理财目标实现的时间和预期回报为自己定下投资期限及投资工具，否则在投资期间需要将资金投入其他用途时，便可能因为投资工具的套现能力较低而蒙受损失。例如，如果李先生计划在短期内动用资金购房，则不应选择一些套现能力较低的投资工具。

（5）寻求专业人士帮助。理财专家建议，虽然理财规划是个人私事，但很多投资者无法对自己的财务状况做出正确的分析，也未必精通投资，还有不少像李先生这样的投资者因为工作繁忙，无法紧跟市场变化。

事实上，在理财规划的每一阶段，甚至每一步，李先生都可以寻求专业人士的帮助。银行工作人员、理财规划师和基金经理等专业人士可以为李先生分析家庭财务、辨析投资风险、推荐投资方向，从而帮助李先生轻松实现家庭理财目标。

因此，通过对李先生个人理财方案的介绍，建议人们在制定个人理财规划时，不能盲目跟随潮流，而应分析自己的家庭财务状况，分步制定理财目标，然后再制定相应的理财计划并选择适合自己的投资工具。

思考与练习

一、单项选择题

1. 下列哪一项不是个人理财的目的？（　　）

A. 应对独立生活的需要　　B. 应对意外风险的需要

C. 应对消费的需要　　D. 提高生活水平的需要

2. 下列哪一项是个人理财的总体目标？（　　）

A. 实现财务安全　　B. 获得投资收益

C. 实现财务独立　　D. 个人收益最大化

3. 购买保险的目的是（　　）。

A. 资产增值　　B. 获得收益　　C. 增加消费　　D. 转嫁风险

4. 下列不是衡量一个人或家庭财务安全内容的是（　　）。

A. 是否有稳定充足的收入　　B. 个人是否有发展的潜力

C. 是否有充足的现金准备　　D. 是否有汽车

5. 中期理财目标的时间一般是（　　）。

A. 1～2 年　　B. 6～10 年　　C. 10～20 年　　D. 5 年

6. 在下列理财工具中，（　　）的风险性最高。

A. 固定收益证券　　B. 股票　　C. 期货　　D. 保险

7. 制定个人理财规划的方案可以分为（　　）步骤。

A. 五　　B. 四　　C. 六　　D. 三

8. 由于单身人士的家庭负担较少，所以他们对风险的承受能力一般（　　）于已婚人士。

A. 弱　　B. 强　　C. 等　　D. 无法确定

9. 一般来说，个人（家庭）的负债比率应控制在（　　）以下。

A. 1　　B. 0.8　　C. 0.5　　D. 0.3

10. 个人进行理财规划的目标通常是财产的保值和增值，下列哪项规划的目标更倾向于实现个人（家庭）财产的保值？（　　）

A. 现金规划　　B. 风险管理与保险规划

C. 投资规划　　D. 财产分配与传承

二、多项选择题

1. 个人理财的具体目标包括（　　）。
A. 必要的资产流动性　　B. 合理的消费支出
C. 实现教育期望　　D. 完备的风险保障
E. 合理的税收安排
2. 个人理财规划方案包括（　　）。
A. 设定个人理财目标　　B. 了解财务状况
C. 评估风险承受能力　　D. 选择投资工具
E. 购买保险
3. 个人理财目标确定的原则包括（　　）。
A. 个人理财目标必须具有现实性
B. 以改善个人财务状况，使之更加合理为主旨
C. 个人理财目标要具体、明确
D. 个人理财目标必须考虑个人的现金准备
E. 个人理财目标要兼顾不同的期限和先后顺序
4. 个人理财的总体目标是（　　）。
A. 实现财务安全　　B. 预防突发事件需要
C. 追求财务自由　　D. 心理满足需要
E. 投资需要
5. 下列属于个人理财规划内容的是（　　）。
A. 现金规划　　B. 投资规划
C. 风险管理与保险规划　　D. 购买汽车规划
E. 消费支出规划

三、判断题

1. 个人理财规划要解决的首要问题是实现财务自由。（　　）
2. 个人制定理财规划方案是自己的事，不需要其他人帮助。（　　）

3. 购买国债是没有风险的。 (　　)

4. 个人理财的目标按照重要性可以分为必须实现的目标和期望实现的目标。 (　　)

5. 任何人的理财目标都不止一个。 (　　)

第三章

个人资金理财

【学习指导】

通过本章的学习，学生应理解货币时间价值的概念及意义，然后在此基础上了解现金管理的相关内容，并对个人资金理财中的储蓄存款理财及银行卡理财有全面的认识。

第一节　个人资金理财概述

理财规划师在为客户个人规划财务计划时，首先要了解客户现在的资产分布状况，即流动资产和长期资产的结构，随后还要了解客户的现金收入预期和现金支出计划。在这两种情况下，理财规划师都要让客户正确地认识货币时间价值。货币时间价值是客观存在的经济现象，它正确揭示了不同时点资金之间的换算关系。离开了时间价值因素，就无法正确计算不同时期的财务收支，也无法正确评价个人投资的盈亏。货币时间价值的计算在个人理财中的应用非常重要，它通过量化的方法具体分析如何满足人生的各个财务目标，并将理财规划表示为实际的数据。

一、货币时间价值

(一) 货币时间价值的定义

货币时间价值也称资金的时间价值，是指当前所持的一定量货币比未来获得的等量货币具有更高的价值，也就是货币经过一定时间的投资和再投资所增加的价值。众所周知，在现实经济生活中，即使不存在通货膨胀，等量资金在不同时点上的经济价值也不相等，或者说其经济效用不同。

下面看一个简单的例子：将现在的 1 元钱存入银行，假设银行存款利率为 10%，1 年后可得到 1.1 元。这 1 元钱经过 1 年时间的投资增加了 0.1 元，这就是货币时间价值。人们将资金在使用过程中随时间推移而发生增值的现象，称为资金具有时间价值的属性。在理财实务中，人们习惯使用相对数字来表示货币时间价值，即用增加的价值占投入货币的百分数来表示。在本例中，货币时间价值为 10%。

在通常情况下，货币时间价值相当于没有风险和没有通货膨胀条件下的社会平均资金利润率。在个人理财活动中，只有在购买国债等政府债券且通货膨胀率很低的情况下，才可以用政府债券利率来表示时间价值。有关货币时间价值的指标有许多种，下面简单介绍与货币时间价值相关的几个概念：

(1) 单利。单利是计算利息的一种方法。在单利计算方式下，每期都按初始本金计算利息，当期利息即使不取出来也不计入下期本金，也就是计算基础不变。

(2) 复利。复利是将本金所生的利息加入本金，以当期末本利和作为计算下期利息的基础，逐期滚算的一种计算方法，俗称“利滚利”。在这种计息方法下，既要计算本金的利息，又要计算利息的利息。

(3) 现值和终值。在个人理财中，要正确进行筹资决策、长期投资决策和短期经营决策，就必须弄清在不同时点上获得或付出的资金价值之间的数量关系。如果要比较两笔资金的价值量，就必须折算到同一时间点上，那么就需要引入货币时间价值理论中两个重要的概念，即现值与终值。

现值也称本金，是指未来某一时间点上的一定量资金折算到现在的价值。它既可以是未来一次支付（收入）的现金流量折算到现在的值，也可以是未来某些时刻多次支付（收入）的现金按某种利率贴现到现在的价值。

终值也称未来值或本利和，是指现在一定量的资金在未来某一时点上的价值。它通常是把现在或未来某些时刻之前多次支付（收入）的现金额，按照某一利率（亦可理解为“贴现率”）计算出的在未来某一时点的价值。

（4）年金。年金是指在一定时期内，每隔相同的时间收入或支出相等金额的系列款项。年金在现实生活中有广泛的应用，如保险费、养老金、折旧、租金、等额分期收款、等额分期付款等。年金可以分为普通年金、预付年金、递延年金和永续年金。

（二）货币具有时间价值的原因

货币之所以具有时间价值，至少有以下三个方面的原因：

（1）货币可用于投资并获得利息，从而在未来拥有更多的货币量。如上例，现在持有的一单位货币至少可以存入银行获得利息，从而在未来获得增量货币，也就是目前的一单位货币可以在未来给投资者带来超额收益，因此现在的单位货币价值要高于未来的单位货币价值。

（2）通货膨胀的因素。货币的购买力会因通货膨胀的影响而随时间改变。例如现在持有一单位货币，但经济中存在通货膨胀，那么物价的上涨将使未来的一单位货币的购买力小于现在的一单位货币。

（3）一般来说，未来的预期收入具有不确定性，因此对于普遍厌恶风险的投资者而言，获得确定的一单位货币肯定要比获得处于风险中的一单位货币有更大的效用。

（三）货币时间价值在个人资金理财中的意义

掌握货币时间价值理论，有助于人们科学合理地使用资金，资金只有参与流动才有可能实现时间价值，闲置的资金是不可能创造时间价值的，而且随着时间的推移，还会丧失其原有的价值。明确了这个观念就可以督促人们节约使用资金，以充分提高资金的使用效果，使资金在有限的时间和空间范围内获取最大的价值。货币时间价值是一个重要的经济概念，对个人资金理财将会产生重要的影响。我们要时刻谨记，在进行个人资金投资决策时，一定要考虑到货币时间价值的影响，重视货币时间价值，从而做出科学的投资决策。

二、个人现金管理

货币资金是可以立即投入流动的交换媒介，其特点是具有普遍的可接受性，即可以随时有效地用来购买商品、货物、劳务或偿还债务。因此，货币资金是流动性最强的资产，属于货币资金的项目包括现金、各种形式的银行存款和支票等。

（一）持有现金的原因

持有现金主要是为了满足交易性需要、预防性需要和投机性需要。

交易性需要是指满足日常业务的现金支付需要。我们经常得到收入，也经常发生支出，现金的收入和支出不可能同步同量：当收入大于支出时，形成现金置存；当收入小于支出时，需要借入现金。个人理财主体必须维持适当的现金余额，这样才能使日常活动正常进行下去。

预防性需要是指置存现金以防发生意外的支付。个人理财主体有时会出现意想不到的开支，现金流量的不确定性越大，预防性现金的数额也应越大；反之，预防性现金的数额可以少些。此外，预防性现金的数额还与理财主体的借款能力有关。如果理财主体能够相对容易地随时借到短期资金，则可以减少预防性现金的数额，否则应加大预防性现金的数额。

投机性需要是指置存现金用于不寻常的购买机会。例如，遇到购买廉价物品的机会，便可用手头现金大量购入。又如，在适当时机购入价格低估的股票和有价证券等。

如果个人理财主体缺乏必要的现金，就不能应付业务的开支，使自己蒙受损失，这种损失称为短缺现金成本。但是，如果个人理财主体置存过量的现金，又会因为这些现金不能投入流转、无法取得盈利而遭受损失。因此，个人理财主体往往会面临现金不足和现金过量两方面的威胁。个人理财主体管理现金的目标就是在资产的流动性和盈利能力之间找到平衡点，以获取最大的长期利润。

（二）现金持有量

在日常生活中，人们基于交易性需要、预防性需要和投机性需要，不得不放弃一些获利的机会，也就是放弃获得更高收益的投资机会，并持有一定量的现金，即“放一笔钱在桌子上”。中外理财专家普遍认为，一个人或家庭放在桌子上的现金额，也就是现金适当持有量大致相当于3～6个月的收入。拿在手里的钱、存在活期账户中的钱、信用卡中储备的钱或者通过授信可以随时支取的钱，都可以作为应急现金。这些钱的特点就是可以随时支取，可以统称“放在桌子上的现金”。

第二节 储蓄存款理财

一、储蓄与个人理财

（一）储蓄的概念

在现代经济活动中，储蓄的概念有广义和狭义两种表述。经济学中经常使用的是广义的储蓄概念，即一个国家或地区在一定时期内国民收入中未被消费的部分，它相当于国民收入的积累额。从储蓄的主体看，广义的储蓄包括政府储蓄、企业储蓄和个人储蓄；从储蓄的内容看，包括居民手持现金、银行存款和购买各种有价证券等。狭义的储蓄概念是指居民个人在银行或其他金融机构的存款，是个人货币收入减去消费支出后存入银行或其他金融机构的部分。在个人资金理财中使用的是狭义的储蓄概念。

（二）储蓄与个人理财的关系

理财的前提是有财可理，所以个人理财的一个重要基础环节就是如何有效地进行财富的积累，而切合实际的储蓄规划是指居民个人及其家庭最稳妥、最便捷、最安全可靠地积累财产的途径。与个人投资者的其他资产相比，储蓄不仅拥有与其他资产类似的获利性，而且储蓄的变现性和安全性更为明显。此外，储蓄作为一种金融投资工具，其操作简单易行。所以，对于大多数普通老百姓来说，储蓄是积累财富最具操作性的方式。因此，我们可以将储蓄当做个人理财规划的一个重要组成部分，即将储蓄作为积累财富的“蓄水池”，当“池水”（即金钱）积累到一定程度时，就将它们用到收益更高的投资工具上。另外，将储蓄作为理财产品，不仅可以获得稳定的存款利息，也可以避免在市场价格跌落的不利时机，被迫卖掉手中持有的股票、房地产等其他资产，致使个人投资者蒙受损失。目前，我国居民储蓄存款呈飞速增长态势，储蓄依然是我国居民个人进行财富积累的主要方式。

二、我国储蓄的主要类型

储蓄业务的划分有多种方式：根据客户存入币种的不同，可以分为本币储蓄和外币储蓄；根据储户与储蓄机构的契约不同，可以分为活期储蓄和定期储蓄；根据储蓄期限的不同，可以分为短期储蓄和中长期储蓄；根据储蓄来源地的不同，可以分为城镇居民储蓄和农村居民储蓄等。我国人民币储蓄是从期限和功能角度进行分类的，主要有活期储蓄、定期储蓄、通知储蓄、教育储蓄等类型。

（一）活期储蓄

活期储蓄存款是指不确定存期、客户可随时存取款、存取金额不限的一种储蓄方式。活期储蓄存款的特点是：随时可存，随时可取，金额不受限制，灵活方便，适应性强。人民币活期储蓄存款 1 元起存，多存不限，由银行发给存折或卡，开户后可凭存折或卡随时存取，客户预留银行印鉴或密码的，凭印鉴或密码支取。自 2005 年 9 月 21 日起，个人活期储蓄存款按季结息，按结息日挂牌活期利率计息，每季末月的 20 日为结息日。未到结息日清户时，按清户日挂牌公告的活期利率计息到清户前一日止。

活期储蓄适于个人生活待用款和暂时不用款的存储。活期储蓄的资金来源包括个人生活待用款和手头零星备用款、个体经营户的日常开支款项、个人投资证券的闲置款项和其他暂时不用款等。

由于活期储蓄的利率水平在所有存款类型中是最低的，因此对于活期储蓄要注意进行及时转存。

（二）定期储蓄

定期储蓄是在存款时约定存储时间，一次或按期分次（在约定存期）存入本金，整笔或分期平均支取本金利息的一种储蓄。按不同的存取方式，定期储蓄可分为整存整取定期储蓄、零存整取定期储蓄、存本取息定期储蓄、整存零取定期储蓄等。定期储蓄主要是吸纳群众手头积存而又一时用不着的节余款。定期储蓄具有金额比较大、利率比较高、存期比较长、存款比较稳定、利息相对较高的特点。

(1) 整存整取定期存款。整存整取定期存款是指储户在存款时约定存期，一次性整笔存入本金，到期后支取本金和利息的一种定期储蓄。起点金额与存期：整存整取定期存款 50 元起存，其存期分为三个月、半年、一年、二年、三年、五年 6 个档次。本金一次存入，银行发给存单，凭存单支取本息。在开户或到期之前可向银行申请办理自动转存或约定转存业务。人民币整存整取定期存款采用逐笔计息法计算利息，按存入日挂牌公告的相应期限档次整存整取定期存款利率计息，利随本清。如果遇到利率调整，不分段计息。全部或部分提前支取的，支取部分按支取日挂牌公告的活期储蓄存款利率计息，未提前支取部分仍按原存单利率计息。逾期支取的，超过存单约定存期部分，除约定自动转存外，按支取日挂牌公告的活期储蓄存款利率计息。在管理技巧上，高利率时期存期要就“中”，低利率时期存期要就“长”。对于那些较长时间不用，但不能确定具体存期的款项最好用“拆零”法，即将大额的定期存单拆分为大、中、小额的存单，降低提前支取带来的利息损失。同时，应注意运用自动转存（约定转存）、部分提前支取（只限一次）等方法，避免利息损失和亲自跑银行转存的麻烦。

(2) 零存整取定期存款。零存整取定期存款是指在存款时约定存期，客户按月定额存入、到期一次支取本息的服务。零存整取存款的起点金额与存期：人民币 5 元起存，多存不限。零存整取定期存款的存期分为一年、三年、五年。存款金额由客户自定，每月存入一次。人民币零存整取定期存款采用积数计息法计算利息，按存入日挂牌公告的相应期限档次零存整取定期储蓄存款利率计息，利随本清。如果遇到利率调整，不分段计息。中途如有漏存，可在次月补存，未补存或漏存次数超过一次者，视同违约，对违约后存入的部分，支取时按活期存款利率计付利息。

(3) 存本取息定期存款。存本取息定期存款是指存款本金一次存入，约定存期及取息期，存款到期一次性支取本金，分期支取利息的业务。存本取息定期存款的起点金额与存期：5 000 元起存。存本取息定期存款的存期分为一年、三年、五年。存本取息定期存款的取息日由客户开户时约定，可以一个月或几个月取息一次；取息日未到不得提前支取利息；取息日未取息，以后可随时取息，但不计复息。

(4) 整存零取定期存款。整存零取定期存款是在存款时约定存期，一次存入本金，分期支取固定本金，利息到期时一次结清的一种定期储蓄。人民币整存零取定期存款 1 000 元起存，存期分为一年、三年、五年，可按月、季、半年分次等额支取本金，到期结清利息。利率按存入日挂牌公告的相应期限档次整存零取储蓄存款利率计息，利随本清。如果遇到利率调整，不分段计息。

（5）定活两便储蓄存款。人民币定活两便储蓄存款是在存款时不确定存期，一次存入本金，随时可以支取的业务。定活两便储蓄存款既有定期之利，又有活期之便。定活两便储蓄存款的起点金额：50 元起存。定活两便储蓄存款的存款利率：存期不满三个月的，按天数计付活期利息；存期三个月以上（含三个月）、不满半年的，整个存期按支取日定期整存整取三个月存款利率打六折计息；存期半年以上（含半年）、不满一年的，整个存期按支取日定期整存整取半年期存款利率打六折计息；存期在一年以上（含一年），无论存期多长，整个存期一律按支取日定期整存整取一年期存款利率打六折计息。对该种储蓄存款，储户主要是要掌握支取日，确保存期大于或等于三个月，以免利息损失。

（三）通知存款

通知存款是一种不约定存期，支取时需提前通知银行，约定支取日期和金额方能支取的存款业务。通知存款介于活期储蓄与定期储蓄之间，具有存取灵活、利息优厚的特点，它使客户能更灵活地存取资金，并获得较高的利息收入。不论通知存款的实际存期有多长，按存款人提前通知的期限长短可分为一天通知存款和七天通知存款两个品种。一天通知存款必须提前一天约定支取存款，七天通知存款必须提前七天约定支取存款。

（四）教育储蓄

教育储蓄是一种特殊的零存整取定期储蓄存款，享受优惠利率，更可获取额度内利息免税。教育储蓄是国家为促进教育事业发展而开办的一种城乡居民为其本人或子女接受非义务教育（全日制高中、大中专、大学本科、硕士和博士研究生）积蓄资金的一种零存整取储蓄存款。教育储蓄的适合对象是在校小学四年级（含四年级）以上的学生。教育储蓄每月最低起存金额为人民币 50 元，本金合计最高限额为 2 万元人民币。存款到期时凭存款人接受非义务教育的录取通知书或学校开具的存款人正在接受非义务教育的学生身份证明，可享受整存整取的利率。在存期内遇到利率调整，应按开户日挂牌公告的相应储蓄存款利率计付利息，不分段计息。在 2 万元本金的限额内，可免征利息税。

（五）其他类型

（1）保值定期储蓄。保值定期储蓄是银行部门依据物价上涨的情况，对储户的储蓄存款在规定期限内给予一定保值贴补的一种储蓄存款方式。这种储蓄可使储户的存款在到期时的实际利息收入等于或高于同期物价上涨水平，从而确保了储户不会因为物价上扬而造成金钱的损失。

为了保障储户的购买力，我国曾开办过这种储蓄。此后，随着币值和物价的稳定，1952 年 6 月中国人民银行决定取消保值定期储蓄业务。1988 年 9 月，为了配合物价改革、消除群众的心理障碍、稳定储源，决定开办人民币长期保值储蓄存款业务，规定凡城乡居民个人在各银行和城市、农村信用社、邮政储蓄部门以及其他允许办理人民币储蓄的金融机构存储 3 年以上（包括 3 年）的整存整取、存本取息定期储蓄存款，一律都按保值储蓄贴补率给予补贴。对于企业、事业、学校等单位的长期定期存款以及保险基金和各种基金会存入的储蓄存款，不实行保值办法。这种储蓄的期限有 3 年、5 年和 8 年三种。在期满时，银行除按规定利率支付利息外，还要把存款期间物价上涨幅度与利率的差数补贴给储户，以保证储户所得利益不低于物价上升的幅度。

（2）大额可转让定期存单储蓄。大额可转让定期存单储蓄是一种固定面额、固定期限、可以转让的大额存款定期储蓄，发行对象既可以是个人，也可以是企事业单位。大额可转让定期存单储蓄无论是单位或是个人购买均使用相同式样的存单，分为记名和不记名两种。这两类存单的面额均有 100 元、500 元、1 000 元、5 000 元、10 000 元、50 000 元、100 000 元、500 000 元八种版面，个人购买这种存单的起点金额为 500 元，单位为 50 000 元。大额可转让定期存单的期限分为三个月、六个月、九个月、一年四种期限。大额可转让定期存单是银行发行的具有固定期限和一定利率，并且可以转让的具有自由流通能力的金融工具。这种金融工具的发行和流通所形成的市场称为可转让定期存单市场。

（3）活期支票储蓄。支票是由出票人签发的，委托办理支票存款业务的银行或其他金融机构在见票时无条件支付确定的金额给收款人或持票人的票据。活期支票储蓄是活期储蓄的一种形式，是以个人信用为保证的活期储蓄。

目前，国内只有少数大城市办理活期支票储蓄业务。活期支票储蓄在开户时的起存金额为 500 元，多存不限，续存续取不受金额限制。储户开出支票的有效期一般为 3～5 天（签发日除外，如果到期日是休假日，则顺延）。如果储户需要购买商品或支付劳务费、公用事业费、医药费等，可通过支票办理结算。

第三节 银行卡理财

银行卡是指由商业银行（含邮政金融机构）向社会公开发行的具有消费信用、转账结算、存取现金等全部或部分功能的信用支付工具。常见的银行卡包括借记卡和信用卡。

一、借记卡

（一）借记卡的概念

借记卡是指先存款后消费（或取现），没有透支功能。借记卡可以在网络或POS机上消费或者通过ATM机转账和提款，不能透支，卡内的金额按活期存款计付利息，消费或提款时资金直接从储蓄账户划出。借记卡在使用时一般需要密码（PIN）。借记卡是一种具有转账结算、存取现金、购物消费等功能的信用工具，并附加了买卖基金、炒股、缴费等众多功能，还提供了大量增值服务。如今借记卡日益普遍，能够很方便地取代现金和支票进行消费和交易，近年来逐渐成为最受欢迎的支付卡。数以亿计的借记卡正在世界各地通行。

借记卡按功能不同可分为转账卡（含储蓄卡）、专用卡、储值卡，按等级可分为普通卡、金卡和白金卡，按使用范围可以分为国内卡和国际卡。

（二）借记卡的功能

（1）存取现金。借记卡大多具备本外币、定期、活期等储蓄功能，借记卡可在发卡银行网点、自助银行存取款，也可在全国乃至全球的ATM机（取款机）上取款。

（2）转账汇款。持卡人可通过银行网点、网上银行、自助银行等渠道将款项转账或汇款给其他账户。

（3）刷卡消费。持卡人可在商户用借记卡刷卡消费。

（4）代收代付。借记卡可用于代发工资，也可用于缴纳各种费用（如通信费、

水费、电费、燃气费等)。

(5) 资产管理。理财产品、开放式基金、保险、个人外汇买卖、贵金属交易等均可通过借记卡进行签约、交易和结算。

(6) 其他服务。许多银行借记卡的服务已延伸到金融服务之外，如为持卡人提供机场贵宾通道、医疗健康服务等。

(三) 借记卡的特点

(1) 易用与普及。由于借记卡具有易用性和普及性，因此借记卡也是电子贸易中最普遍使用的支付工具之一。全球超过 2 000 万的销售网点接受一些国际知名的签名式借记卡。易用是借记卡越来越受欢迎的原因之一。借记卡不但能帮你省却携带现金的麻烦，使用起来也很方便，而且月结单（或对账单）可以清晰地显示所有的交易记录。

(2) 安全可靠。借记卡具有与信用卡一样的安全保障。假如你遗失了借记卡或怀疑借记卡被盗，应立即向你的银行挂失，即可防止他人盗用以减低损失，但消费者应妥善保管借记卡（如同银行账户中的钱一样)。

(四) 借记卡的优势

借记卡最大的优势就是电子管家功能，消费者可以用它缴纳水费、电费、煤气费、电话费等公用事业费，甚至还可以办理银证转账和银券通炒股业务。现在，不少银行都给借记卡赋予了强大的管家功能，消费者应根据自己的实际利用率，把管理功能尽可能落在功能涵盖面较广、实用性较高的借记卡上。

二、信用卡

(一) 信用卡的概念

信用卡也称贷记卡，是银行签发给那些资信状况良好的人士，用于在指定的商家购物和消费，或在指定银行机构存取现金的特制卡片，是一种特殊的信用凭证。信用卡的形式是一张正面印有发卡银行名称、有效期、号码、持卡人姓名等内容，背面有磁条、签名条的卡片。我们现在所说的信用卡，一般单指贷记卡。信用卡是由发卡银行给予持卡人一定的信用额度，持卡人可在信用额度内先消费、后还款的银行卡。信用卡具有先消费、后还款的特点，享有免息缴款期（最长可达56天），并设有最低还款额，客户出现透支可自主分期还款。信用卡客户需要向申请银行交付一定数量的年费，各银行不相同。

通俗地说，信用卡就是银行提供给用户的一种先消费、后还款的小额信贷支付工具。也就是说，当你的购物需求超出了自己的支付能力或者你不希望使用现金时，你就可以向银行借款，这种借款不需要支付任何的利息和手续费。信用卡就是银行答应借钱给你的凭证，信用卡能够告诉你可以借银行多少钱，需要什么时候还。另外，你还可以在信用卡中没有钱的情况下，直接从ATM机中取出现金。

（二）信用卡的功能

与普通银行储蓄卡相比，信用卡最方便的使用方式就是可以在卡内没有现金的情况下进行普通消费，并且在很多情况下只要按期归还消费的金额就可以了。

（1）无须存款即可透支消费，并可享有25～56天的免息期。若能在免息期内按时还款，则不收利息。

（2）购物时刷卡不仅安全、方便，还有积分礼品赠送。

（3）持卡在银行的特约商户消费，可享受折扣优惠。

（4）积累个人信用，在您的信用档案中增添诚信记录，让您终生受益。

（5）通行全国无障碍。在有银联标识的ATM机和POS机上均可取款或刷卡消费。

（6）刷卡消费、取现有积分。全年有多种优惠及抽奖活动，让您只要用卡就能时刻感到惊喜。

（7）每月免费邮寄对账单，让你清晰掌握每笔消费支出。

（8）特有的附属卡功能，适合夫妻共同理财，或掌握子女的财务支出。

（9）自由选择的一卡双币形式，通行全世界，境外消费可以境内人民币还款。

（10）400电话或9字打头5位数短号24小时服务，挂失即时生效，失卡零风险。

（11）拥有有效期。已知国内信用卡的有效期一般为三年或五年。

（三）信用卡的分类

按发卡组织可分为威士卡、万事达卡、美国运通卡、大来卡、Discover发现卡（美国）；JCB卡（日本）；联合信用卡（中国台湾）；NETS（新加坡）；BC卡（韩国）；中国银联卡（中国大陆）；Banknetvn（越南）等。

（1）按币种可分为单币卡、双币卡。

（2）按信用等级可分为普通卡（银卡）、金卡、白金卡、无限卡等。

（3）按是否联名发行可分为联名卡、标准卡（非联名卡）、认同卡。

（4）按卡片形状及材质可分为标准卡、迷你卡、异型卡、透明卡等。

（5）按信息储存介质可分为磁条卡、芯片卡。

（6）按卡片间的关系可分为主卡、附属卡。

（7）按持有人的身份可分为个人卡、公务卡、公司卡。

（8）按照信用卡级别可分为主卡、附属卡。

思考与练习

一、单项选择题

1. 每期都按初始本金计算利息的称为（　　）。

A. 单利　　B. 复利　　C. 现值　　D. 终值

2. “利滚利”就是（　　）。

A. 单利　　B. 复利　　C. 现值　　D. 终值

3. 在一定时期内，每隔相同的时间，收入或支出相等金额的系列款项称为（　　）。

A. 复利　　B. 年金　　C. 现值　　D. 终值

4. 现金适当持有量大致相当于（　　）个月的收入。

A. 1～2　　B. 2～3　　C. 3～6　　D. 6～9

5.（　　）是居民个人及其家庭最稳妥、最便捷、最安全可靠的积累财产的途径。

A. 股票投资　　B. 债券投资　　C. 基金投资　　D. 储蓄

6.（　　）国务院颁布了《个人存款账户实名制规定》。

A. 2000 年 4 月 1 日　　B. 2001 年 4 月 1 日

C. 2002 年 4 月 1 日　　D. 2003 年 4 月 1 日

7. 教育储蓄的适合对象是在校（　　）以上的学生。

A. 小学一年级（含一年级）　　B. 小学二年级（含二年级）

C. 小学三年级（含三年级） D. 小学四年级（含四年级）

8. 教育本金合计最高限额为（ ）万元人民币。

A. 1 B. 2 C. 3 D. 4

9. 定活两便储蓄存款的储户应掌握支取日，确保存期大于或等于（ ）个月，以免利息损失。

A. 1 B. 2 C. 3 D. 4

10.（ ）是指在存款时约定存期，客户按月定额存入，到期一次支取本息的服务。

A. 整存整取定期存款 B. 零存整取定期存款

C. 存本取息定期存款 D. 整存零取定期存款

二、多项选择题

1. 个人理财中持有现金的原因有（ ）。

A. 交易性需要 B. 预防性需要 C. 投机性需要 D. 流动性需要

2. 年金可以分为（ ）。

A. 普通年金 B. 预付年金 C. 递延年金 D. 永续年金

3. 储蓄的基本原则（ ）。

A. 存款自愿 B. 取款自由 C. 存款有息 D. 为储户保密

4. 我国储蓄的主要类型有（ ）。

A. 活期储蓄 B. 定期储蓄 C. 教育储蓄 D. 通知储蓄

5. 按信用等级分，信用卡可以分为（ ）。

A. 普通卡（银卡）B. 白金卡 C. 主卡 D. 金卡

三、判断题

1. 货币随着时间的推移会发生增值。（ ）

2. 单利和复利的计息基础是一样的。（ ）

3. 货币资金是流动性最强的资产。（ ）

4. 活期储蓄的利率水平在所有存款类型中是最低的。（ ）

5. 借记卡具有透支功能。（ ）

第四章

银行理财产品理财

第一节　银行理财产品

【学习指导】

通过本章的学习，学生应理解银行理财的主要产品及每种产品的主要特点，能结合自己的实际情况选择适合自己的理财产品，并能识别一些银行理财产品的风险及误区。

一、银行理财产品的基本概念

近年来，由于个人财富的增长和市场经济的发展，我国商业银行的个人理财产品得到迅速发展，理财业务已成为商业银行推进综合化经营战略的重要载体和提高中间业务收入的重要手段。我国银监会 2005 年颁布的《商业银行个人理财业务管理暂行办法》中将个人理财业务定义为："个人理财业务是指商业银行为个人客户提供的财务分析、财务规划、投资顾问、资产管理等专业化服务活动。"

银行个人理财业务的内容包括理财顾问服务和综合理财服务。理财顾问服务是指商业银行向客户提供的财务分析、投资建议、个人理财产品推介等专业化服务。综合理财服务是指商业银行在向客户提供理财顾问服务的基础上，接受客户的委托和授权，按照与客户事先约定的投资计划和方式进行投资及资产管理的业务活动。因此，银行理财产品应该是商业银行在对潜在目标客户群进行分析研究的基础上，针对特定目标群开发、设计并销售的资金投资和管理计划。商业银行凭借这些产品，利用其网点、技术、人才、信息、资金和业务优势，为居民或家庭客户实现生活目标和投资目标提供综合性的理财服务。

这些理财产品常见的运作模式是银行将募集到的资金根据产品合同约定，投入相关金融市场，购买相关金融产品并获取投资收益，然后根据合同约定分配给投资人。广义的银行理财产品泛指商业银行向市场提供的能满足客户理财愿望和需求、与货币资金运动联系在一起的各种服务，既包括新型的银行理财产品，也包括传统的银行服务业务。

二、银行理财产品的主要类型

按照不同的标准，银行理财产品可分为以下类型。

（一）按照币种分类

按照币种进行分类，银行理财产品主要分为人民币理财产品、外币理财产品和双币理财产品。

人民币理财产品是指银行以高信用等级人民币债券（含国债、金融债、央行票据、其他债券等）为投资对象，面向个人客户发行，到期向客户支付本金和收益的理财产品。

外币理财产品主要针对手中持有一定外币的储蓄客户，他们希望获得比银行存款更高的收益，但又不愿意承担过高的风险。外币理财产品的主要投资领域是国际外汇买卖及衍生产品市场。

双币理财产品是现有的人民币理财产品和外币理财产品的简单结合。在关键的预期收益率上，目前突出的特点是划定了一个收益的浮动空间。双币理财产品实行封闭式运作，在投资期限内，投资者和银行双方都没有权利行使提前终止权。这与投资运作的模式有关，在投资的初期，人民币部分的资金还不会产生所谓的利息收入，因此该理财产品实际上是采用了预提的方式，将固定一段时间后才会产生的利息收入提前予以使用，这样就要求投资的期限要固定下来，因此也不会涉及提前终止的问题。

（二）按风险收益特征分类

根据《商业银行个人理财业务管理暂行办法》的规定，理财计划分为保证收益理财计划和非保证收益理财计划两大类。每种理财计划根据收益与风险的不同又分为两类，共计四类，即固定收益理财计划、最低收益理财计划、保本浮动收益理财计划和非保本浮动收益理财计划。

（1）固定收益理财计划。投资者获取的收益固定，风险完全由银行承担：若理财资金经营不善造成了损失，完全由银行承担；当然，如果收益很好，则超过固定收益的部分也由银行获得。为了吸引投资者，这种产品提供的固定收益都会高于同期存款利率。

（2）最低收益理财计划。最低收益理财计划就是银行向客户承诺支付最低收益，其他投资收益由银行和客户按照合同约定分配。在一般情况下，这个最低收益以同期存款利率为下限。对于投资者来说，这种产品的风险大于固定收益理财计划，但它有获得较高收益的机会。

（3）保本浮动收益理财计划。保本浮动收益理财计划是指银行保证客户本金的安全，收益则按照约定在银行与客户之间进行分配。在这种情况下，银行为了获得较高收益往往投资于风险较高的投资工具，因而银行有可能获得较高收益。当然，若是造成了损失，银行仍会保证客户本金的安全。

（4）非保本浮动收益理财计划。非保本浮动收益理财计划是指商业银行根据约定条件和实际投资收益情况向客户支付收益，并不保证客户本金安全的理财计划。顾名思义，银行不对客户提供任何本金与收益保障，风险完全由客户承担，而收益则按照约定在客户与银行之间分配。

从上述分析可知，对于客户来说，这四种产品的风险是依次提高的，当然，它们的收益也可能是依次增长的，而对于银行来说则恰恰相反。目前，在我国银行发行的各种理财产品中，第一种产品和第四种产品较少，中间两种产品较多。

（三）按投资方向划分

商业银行个人理财业务按投资方向大致可分为利率类理财产品、汇率类理财产品、信用类理财产品、商品类理财产品等。

（1）利率类理财产品。利率类理财产品是一种实际投资收益与国际市场上主要利率指标［如伦敦银行间同业拆借利率（LIBOR）或香港银行间同业拆借利率（HIBOR）］挂钩的理财产品。

（2）汇率类理财产品。汇率类理财产品是一种实际投资收益与国际市场上主要货币汇率（如欧元兑美元）挂钩的理财产品。

（3）信用类理财产品。信用类理财产品的特点是投资收益与指定的相关信用主体的信用挂钩。如果在投资期内相关信用主体没有发生信用违约事件，则投资者可以获得固定的年收益率；反之，没有任何收益。

（4）商品类理财产品。商品类理财产品的特点是投资收益与指定的商品价格指数挂钩。

三、银行理财产品的特点

（1）收益通常高于银行存款。

（2）安全性较高，这是由投资对象所决定的。

（3）流动性差。大部分银行理财产品都不能提前支取，虽然有部分产品设计了提前终止日，但提前终止通常意味着在收益上遭受损失。

（4）面临利率和汇率风险。人民币理财产品的收益率相对固定，通常并不随利率的上升而上升。外币理财产品的本金为外币，而且持有期的汇率风险需要由客户自己承担，这也是投资外币理财产品时需要关注的问题。

四、银行理财产品的理财优势

作为个人金融领域最重要的组成部分，商业银行及其理财产品和理财业务在个人（家庭）理财中的地位举足轻重，有着自身得天独厚的优势。

（一）资本充足率高，资金实力雄厚

根据《巴塞尔协议》的最低资本充足率要求，商业银行在持续经营的全过程中必须将资本充足率保持在8%以上。另外，我国的商业银行特别是四大国有商业银行都有国家的大力扶持，因此与其他理财服务企业相比，银行的资金更加雄厚。

（二）信誉好、安全性高

在个人理财业务中，人们最关心的一个问题就是资金的安全性。商业银行在金融机构中的诚信是最高的，多年来的稳健经营也给人们以信誉良好的印象。商业银行受到中央银行严格的存款准备金制度和银行业监督管理委员会的监管，从而保证了客户的资金安全。

（三）网点众多、快捷便利

商业银行的网点众多，分行、各级支行、分理处、储蓄所遍布各地，资金的划拨非常快捷；与此同时，银行业务已渗透到广大群众生活的方方面面，人们对银行业务的操作流程非常熟悉，这也使人们对银行更有感情，更愿意通过商业银行来处理个人理财业务。

（四）理财更专业、更客观

从专业性方面分析，银行各部门的分工明确、细致，并配有经验丰富的专业理财人员。从理财技能和态度的客观性方面分析，银行理财更为客观中立。其他理财服务企业的个人理财在很大程度上是围绕自身的产品来进行，目的仍是销售本公司的产品。银行同时代理了多家公司的不同产品，人们有条件跳出某一公司产品的束缚，从不同公司中挑选最合适的产品。

第二节 银行投资理财产品分析

一、债券型理财产品

债券型理财产品是银行将募集到的资金投资于央行票据市场、企业短期融资券市场等收益稳定的市场，经过一定期限后，投资者可获得收益及初始本金的产品。债券型理财产品的期限分为多种，从几天到数十个月不等。一般来说，债券型理财产品的起点金额为人民币 5 万元，而且大多数债券型理财产品均提供给投资者一个固定的收益率。对于投资者来说，债券型理财产品具有优质资产支持，可获得较高的收益，同时风险小、流动性强。因为个人无法直接投资央行票据与企业短期融资券，因此这类人民币理财产品实际上为客户提供了分享货币市场投资收益的机会。对商业银行来说，这种理财产品面向的对象广、操作和管理的难度低，但因为资金的投资渠道有限，所以影响了收益率。

债券型理财产品是银行早期理财产品的唯一品种。在这类产品中，个人投资者要与银行签署一份到期付息的理财合同，并以存款的形式将资金交由银行经营，而后银行将募集的资金集中起来开展投资活动，投资的主要对象包括短期国债、金融债、央行票据以及协议存款等期限短、风险低的金融工具。在付息日，银行将收益返还给投资者。在本金偿还日，银行足额偿付个人投资者的本金。债券型理财产品的风险较低、收益比较稳健，在市场不发生特别大变动的时候，此类理财产品的收益基本能够符合银行预先设定的标准。但是，与之相对应，投资者获取的收益比较低，比较适合保守型投资者的需求。对于投资者来说，投资于这些产品可以获得比较稳健的收益，而且这些产品的收益率水平通常高于同期的定期存款产品，因此不妨将其作为定期存款的替代产品。此外，一些投资期限短（如 3 个月期）的产品，则可以在一定程度上作为现金管理的工具。这类产品适合崇尚稳健收益、投资风格保守的投资者，以此类产品作为投资对象，可以以较低的风险获得高于定期存款的收益。另一种方案是把此类产品作为投资组合的一部分，这样可以起到降低投资组合风险、保障一定收益的作用。

二、信托型理财产品

信托型理财产品也称银信连结理财产品，投资于商业银行或其他信用等级较高的金融机构担保或回购的信托产品，也有投资于商业银行优良信贷资产受益权信托的产品。根据资金运用方式，信托型理财产品可分为固定收益型理财产品和浮动收益型理财产品。如果以贷款、租赁、买入返售、同业存放以及附回购条件投资等方式来运用理财资金的，为固定收益型理财产品；如果以证券投资、股权投资、产业投资、新股申购等方式来运用理财资金的，则为浮动收益型理财产品。

信托型理财产品与债券型理财产品相比有以下不同：首先，投资的资产不同。债券型理财产品大多投资于央行票据、国债、政策性金融债和银行储蓄存款等，都是银行可以直接购买或持有的金融产品；信托型理财产品投资的资产是银行不能购买或持有的信托产品。其次，关系人结构不同。债券型理财产品的关系人结构简单，只有投资者和发行银行；信托型理财产品的关系人结构较为复杂，除投资者和发行银行参与外，信托公司、担保银行、托管银行（也可能是担保银行或其分行）也都不同程度地参与了该项业务。再次，收益不同。信托型理财产品主要投资于实体项目，项目收益率事先经过测算，盈利预测具有一定的真实性，而银行将个人理财募集资金投资于由银行提供担保的信托产品，从而与实业项目结合起来，由此实现了收益的稳定性。债券型理财产品的投资对象主要是国债、金融债和中央银行票据等信用等级高、流动性强、风险小的产品，因此投资风险较低，收益也不高。

三、挂钩型理财产品

挂钩型理财产品也称结构型理财产品，是指理财资金通过购买期权、互换等方式参与衍生产品运作，其收益通常表现为与某些国内外市场指标挂钩的理财产品。在这类产品中，有的与利率区间挂钩，有的与美元或者其他可自由兑换货币的汇率挂钩，有的与商品价格挂钩，还有的与股票指数挂钩。由于这种产品与股票指数、利率、汇率挂钩，所以风险肯定高于前面所述的两种理财产品。但是，一些结构性的设计可以在一定程度上起到锁定收益的作用。与其他理财产品相比，这类产品的结构复杂、挂钩资产多元化，挂钩资产多是选择热点投资话题。对于投资者来说，结构型理财产品的产品期限较长、收益结构较复杂，需要客户对外汇、利率、股市走势有一定的认识。结构型理财产品对客户有一定的本金要求，并且有可能获得较高的收益，这种使用多种组合资产配置的结构型产品一般承诺保本。风险承受能力适中、对所挂钩的股票和市场有一定了解的投资者，较为适合参与这种类型产品的投资。对于商业银行来说，开发此类产品要求投入一定的人力、物力并需要较高的操作运作能力。这类产品的门槛较高，主要针对高端投资者，需要一定的市场投入。需要提醒的是，在选择结构型理财产品（尤其是与股票市场挂钩的理财产品）前，投资者需要多做点功课，以便仔细衡量结构设计中的各个细节。

四、QDII 理财产品

QDII 是指符合资格的境内金融机构接受境内投资者委托，按事先约定的投资计划和方式，在境外进行规定的金融产品投资，投资收益与风险由投资者或投资者与银行按照约定方式承担。它是在货币没有实现完全可自由兑换、资本项目尚未开放的情况下，有限度地允许境内投资者投资境外证券市场的一项过渡性制度安排。

对个人投资者来说，QDII 可以实现代客境外理财业务，投资者将手上的人民币或美元直接交给银行，让银行代为投资到国外的资本市场上去。QDII 最重要的意义在于拓宽了境内投资者的投资渠道，使投资者能够真正实现资产在全球范围内进行配置，不仅能够分散风险，还能充分享受全球资本市场的成果。QDII 产品独特的投资优势在于：第一，投资范围更广、机会更多，QDII 产品可投资于国际资本市场（包括欧洲、美国、日本以及新兴市场等），使得投资范围不再局限于国内。第二，分散风险、优化资产配置。随着国内资本市场不确定性因素的不断增加，A 股市场的系统性风险越来越复杂。通过 QDII 产品进行全球化投资可以有效分散单个市场的投资风险，有助于提高经风险调整后的投资回报水平。第三，投资工具、品种更丰富。与处于初级发展阶段的国内资本市场相比，金融机构的 QDII 投资范围更广泛、品种更多，更具灵活性和多样性，QDII 可投资的品种除海外资本市场挂牌交易的股票和债券外，还可投资于存托凭证、资产抵押证券、公募基金、结构化投资产品等。投资品种的扩充为获取更好的投资收益奠定了基础。

第三节　银行理财产品的选择

一、银行投资理财产品的选择

（一）把握投资理财产品的收益类型

（1）保证收益型理财产品。保证收益型理财产品是指商业银行按照约定条件向客户承诺支付固定收益，银行承担由此产生的投资风险，或银行按照约定条件向客户承诺支付最低收益并承担相关风险，其他投资收益由银行和客户按照合同约定分配，并共同承担相关投资风险的理财产品。目前，银行推出的部分短期融资券型债券理财、信托理财产品、银行资产集合理财都属于这类产品，其投资对象包括短期国债、金融债、央行票据以及协议存款等期限短、风险低的金融工具。这类产品的计算简单、投资期限灵活，适合那些追求资产保值增值的稳健型投资者，如毕业不久的年轻人、退休人员等。

（2）保本浮动收益型理财产品。保本浮动收益型理财产品是指商业银行按照约

定条件向客户保证支付本金，本金以外的投资风险由客户承担，并依据实际投资收益情况确定客户实际收益的理财产品。保本浮动收益型理财产品的优点是预期收益可观，缺点是投资者要承担价格指数波动不确定的风险。该类产品比较适合有一定风险承受能力的进取型投资者，如一些组建了家庭的中青年人士，收入稳定增长而且生活稳定、注重投资收益的投资者。

（3）非保本浮动收益型理财产品。非保本浮动收益型理财产品是指商业银行根据约定条件和实际投资收益情况向客户支付收益，但不保证客户本金安全的理财产品。该类产品一般预期收益较高，因此该类产品比较适合风险承受能力强、资金充裕的投资者。

（二）投资理财产品的选择策略

面对多种多样的人民币理财产品，投资者应该在熟悉产品特点、收益类型的基础上，根据自己的风险偏好与风险承受度，对不同类型的理财产品进行权衡比较。

（1）把握理财产品的特点。如果是购买以短期融资券为配置重点的固定收益类人民币理财产品，投资者不能一味地追求高收益，而是应该了解短期融资券的信用等级，寻找风险与收益匹配度较好的产品。如果是购买浮动收益类结构型人民币理财产品，由于产品的收益结构相对复杂，投资者要了解产品的收益结构，至少对可能出现的结果有一个心理预期。同时，由于此类产品的最高预期收益率并不代表所能获得的真实收益率，实际收益率很有可能低于预期收益率，甚至有可能收益率为负，即本金受到亏损，近段时间就不断爆出银行理财产品收益率为负的新闻，因此投资者需要根据自己的风险偏好和风险承受能力进行理性选择。

（2）风险的审视。任何投资都是有风险的，投资者在购买理财产品时一定要有风险意识，慎重策划自己的理财方案。同时，投资者必须面对加息的利率风险。如果中央银行决定加息，随着定期储蓄存款利率的不断调高，那么购买人民币理财产品的收益可能要低于未来储蓄的收益。

（3）挂钩标的产品的未来趋势。新型人民币理财产品需要投资者具有一定的金融学基础知识，需要投资者对不同的挂钩市场和投资方向有所判断。例如，对于与汇率挂钩的产品，投资者就需要对汇率的未来走势有一个初步的判断，然后再选择看涨或者看跌的产品。一般来说，与证券指数挂钩的产品比较简单，在判断上可以参考该证券指数的历史走势以及目前的经济状况，大致分析一下产品的收益结构，再决定是否进行投资。

（4）流动性。投资者选择理财产品时，需要从盈利性、安全性和流动性三个方面综合考虑。有的银行产品会在协议书中附带一条“不得提前支取”的条款，这就存在一个问题，即在投资期限内，投资者需要承担利率上升的风险。目前，新开发的产品期限已经大大缩短，一般为三个月、六个月、一年，而且部分理财产品已经允许提前赎回，有的甚至承诺产品发行后可在一定时期内赎回，也就是流动性已有所增强。

（5）选择恰当的银行。现在的金融产品同质化情况很严重，人民币理财产品也一样，在各家银行的产品差异很小的情况下，投资者应购买服务质量好的银行的产品。在购买之前，要仔细阅读各银行提供的合同条款，因为宣传资料中的某些数据与合同中的具体条款可能有所不同。

二、选择 QDII 理财产品的策略

进行 QDII 理财时，投资者应考虑的因素包括投资的市场、投资比例的分配、投资人的投资水平、可以投资的范围、费率水平、服务质量、产品流动性以及认购起点等。

（1）投资的市场。一般来说，投资于股票市场的理财产品的风险要高于投资于债券市场的理财产品的风险。另外，有些产品并不是投资于单个市场，而是按比例分别投资于不同的市场中。所以，选择 QDII 产品首先要看它投资于什么市场，然后结合自己的风险承受能力来选择。如果风险承受能力比较低，最好不要购买投资于股票市场的产品。

（2）投资比例的分配风险还与它在各种资产上的投资比例有关。QDII 通常投资于境外多种不同的资产，不同投资结构的收益和风险是不同的，投资者在选择产品时必须加以考虑，大比例投资于股票上的理财产品，其风险同样比较高。

（3）投资人的投资水平。购买 QDII 产品要看管理人的投资风格、投资经验、以往的业绩，这些都与投资的收益和风险紧密相关。在同样的情况下，要选择投资经验丰富、以往业绩突出的投资经理管理的产品。

（4）选择 QDII 理财产品的考虑因素。对于不同的 QDII 理财产品来说，投资的认购起点金额、管理费水平、是否可终止等方面也应作为选择 QDII 理财产品考虑的因素。

（5）根据自身的风险偏好选择。如果投资者自身具备一定的风险承受能力，愿意承担一定的风险，可以考虑收益较高的产品。

（6）适当考虑人民币升值的预期。对于 QDII 理财产品来说，在人民币升值的大背景下，汇兑损失永远是一个无法回避的硬伤。以人民币购买的 QDII 产品，必然要经历一个将人民币换成外汇进行境外投资，待境外投资收益汇回后，银行再将

外汇换成人民币支付给投资者的过程。如果人民币一年的升值幅度在5%左右，那么QDII理财产品的收益必须高于这个比例，否则就可能导致本金的损失。

三、银行理财产品的综合性选择

（一）产品或合约的条款审视与选择

分析商业银行理财产品合约和理财产品说明书的条款，重点关注以下事项：

（1）预期收益与风险。产品的资金投向不一样，其收益情况也会有所不同。如果投资者想得到确定的收益，一般收益不会太高；如果敢于冒收益较低甚至本金亏损的风险，那么投资者将有机会获得远高于固定收益的利润。

（2）产品币种差异。产品的币种不同，则对应的收益率差异较大，因为各币种之间除了利率差异之外，还有相互兑换的差价问题。所以投资者在投资的时候不仅要看收益率，还要看投资的是哪种货币。例如，由于目前美元贬值的预期较大，所以美元理财产品的预期收益率一般会比较高。

（3）管理期限不同。管理期限与投资者的流动性需求直接相关。如果三个月以后要用到这笔钱，就不要选择六个月期的理财产品，因为即使这款产品允许提前赎回，但高额的赎回费用也会使投资者得不偿失。

（4）保本条款内容。一般投资者会比较关注保本条款，毕竟保本是大多数投资者的心理底线，但风险与收益是成正比的，保本产品的收益率一般不会太高。

（5）产品期限和最低认购额度。有些银行理财产品有最低认购额度和期限的要求，并且在理财期内不允许提前支取，产品的质押率也不超过70%～90%，因此手头没有闲钱的投资者不宜购买。

（6）变现性如何。流动性是投资理财产品不可忽略的重要问题，投资者要明确资金的闲置期大概有多长，然后根据资金用途不同在变现性不同的产品中配置相应的比例。例如，在信托类产品中，信托贷款类产品占大多数。这类产品的收益较为稳定，预期几乎全部能实现，但时间一般也比较长，适合闲置资金较多的投资者，而对变现性要求较高的投资者可以关注新股申购类产品。

（7）产品终止权。投资者要弄清楚，终止权掌握在银行手中还是在自己手中。若由银行掌握终止权，则产品的收益相对会高一些。

（8）选择银行。投资者应选择形象佳、软硬件条件好、地理位置优越、可以大区域通存通兑的银行。需要注意的是，银行是否开设了“提醒服务”、“自动续存”、“夜市储蓄”等特色服务。

(9) 仔细阅读合同条款。大部分认购者在申购时只关心收益率能达到多少、是否保本等，并没有认真研读要达到预期最高收益的苛刻条件。对于各款理财产品的说明书，投资者要认真看，应关注的内容有“产品类型和风险等级”、“募集期和起息期”、“到期日和返还日”、“认购费和手续费”、“投资方向和终止条款”等。

(10) 未来风险状况。如果央行加息，那么购买人民币理财产品的收益有可能要低于未来的储蓄收益；人民币理财计划往往有期限限定，在理财期内，投资者不能提前取款，因此投资银行理财产品要知晓可能发生的风险，做到心中有数。

(二) 商业银行理财产品综合性选择配置策略

下面介绍综合性选择配置应该关注的因素。面对品种繁多的银行理财产品，如何选择适合客户的产品，不仅关系到理财专业人员的业绩，更关系到客户的切身利益。目前，可供投资者选择的理财产品层出不穷，如人民币理财产品、代理保险、基金、券商集合理财产品、信托产品等，令人眼花缭乱。理财专业人员的指导方法多种多样、观点各不相同，这就给投资者挑选理财产品带来了一定的困惑和难度。一般来说，对银行理财产品进行综合性选择配置时应考虑下述关键因素：

第一，能否确保本金安全？不同的投资者对于产品的风险承受能力存在很大的差异，是否具有保本设置是判断产品风险程度高低的一大依据。通常说来，在设置了保本条款的产品中，银行往往会通过“安全垫”的设置，即将大部分资金投入一些固定收益类的标的中，如债券等，以保障投资者到期时本金的安全，而小部分的资金则投向一些高收益、高风险的标的。如果这部分投资比较理想的话，可以提升整个投资计划的总收益率；反之，如果这部分投资收益不显著或是出现亏损，那么在有了“安全垫”这层保护网后，投资者也可以保证本金的安然无恙。在一些理财产品中进行的是部分保本设计（如保障92%的本金），该条款的意思是产品在运行的过程中至少可以保证92%的本金安全。以此为目标，银行可以减少无风险投资的比例，多投入一些资金到高风险的产品中。对于投资者来说，他们是以可能牺牲的一部分本金作为前提，希望换得实现更高收益的机会。如果产品并未说明具有保本或是部分保本设计，也就是本金可能出现亏损，而且可能出现的亏损幅度要视市场的情况来决定，那么这样的产品风险就会高一些。

第二，产品是如何获取收益的？保本的设计迎合了部分投资者追求本金安全的愿望，但对于任何一个投资者来说，保本显然是不够的，他们更希望自己的投资能够获得满意的收益回报。在理财产品的投资过程中，收益率是投资者最为关心的一个问题，但事实上，最关键的问题并不是某一个预期数字，而是投资者所投入的资金是通过何种模式获得收益的，这是投资者最需要了解的一个问题。例如，对于一些投向货币市场工具的理财产品，它们获得收益的途径是将募集来的资金用于购买各种货币市场产品，如国债、银行间票据等，这些债券、票据的收益可为投资者带来资金的增值。一些投向信托计划的理财产品，往往是将募集来的资金用于某一项目的贷款计划，以便获得略高于市场水平的利息收益。直接投资于证券市场是近年来银行理财产品的主要方向。例如，一些新募集的理财产品计划的投资标的为A股市场的股票与基金，这种理财产品的收益主要由所投资股票和基金获得的收入来体现。当市场表现不佳时，这种产品会遭受较大的损失。

在理财产品中，收益最为复杂的莫过于一些挂钩型理财产品。挂钩型理财产品能够获得的收益，并不一定直接取决于所投向的市场，而是与预先设定的挂钩前提条件相关，只有当市场的走势与前提条件的设定密切结合，投资者才有可能获得理想的收益；反之，如果市场的走势背离了前提条件，则挂钩型理财产品的收益可能就要大打折扣。

第三，最坏的结果是什么？明白了理财产品获得收益的原理，最现实的问题便是，投资者准备投入的这款产品可以获得的预期收益大约是多少？尽管大部分银行会在产品的说明书上标出某一个预期收益的区间，但这并不意味着销售人员可以对最高预期收益进行强化和吹捧。实践证明，很多投资者在选择理财产品时往往是冲着那个最吸引眼球的最高预期收益而来，但事实上，弄清楚在最糟糕的情形下所获得的收益，要比了解最优状况下可能获得的最高预期收益有意义得多。除了预期最高收益之外，一些银行在进行理财产品的介绍时，也会引用一些历史数据作为测算的依据，由此得出的结果往往非常理想。对于测算结果，投资者同样应当客观对待：一方面，历史数据可以反映出产品投资中一些变量之间的关系，对于未来的投资具有一定的参考意义；另一方面，外部投资环境不断变化，以历史推测未来并不完全可靠，因此与其关心最高预期收益与测算结果，倒不如关心这款产品最糟糕的收益是多少以及会在什么样的情形下发生。如果客户对于可能发生的最糟糕情形也可以泰然处之，那么不妨请他继续关注这款产品。

第四，产品的流动性如何？投资期限与产品的流动性同样是投资者关心的问题。在理财产品中，比较典型的一类产品是投资期限固定，如1年、2年，但每隔一段时间（如每三个月）提供一次提前赎回的机会，如果投资者观察到产品收益的走势并不理想，可以提前离场以减少自己的损失和机会成本。相对来说，这一类产品在流动性上具备优势，便于投资者做出进退自如的选择。

有些产品只给出一个预期的投资期限，在这个投资期限内，如果触发了某个条件，产品便会提前终止，即主动权掌握在银行的手中，此时客户就应多考虑一下，如果满足条件后银行终止这项投资，是不是会给自己造成不利的影响。

第五，怎样获取产品的相关信息？由于大部分理财计划的期限为半年以上，期限较长的理财产品的存续时间甚至长达 3～5 年。在这段时间之内，随时了解产品的确切信息，并对投资策略及时进行调整，也是投资者必要的一项功课。在一些客户对于理财产品的投诉中，由于信息披露不透明而引发的矛盾不在少数。银行网站是了解产品信息的主要平台，对于一些基金类的理财产品，大部分银行会在网站上按周公布产品的净值状况，部分理财产品则按月公布产品的收益情况，但对于一些挂钩型产品，由于采用了与“一揽子”产品挂钩的方式，往往没有直接的渠道了解产品的最新情况。就此类产品而言，投资者需要了解挂钩标的数据的来源，如挂钩股票产品的股票价格通过哪些终端可以查询、如何获取挂钩利率、汇率产品的准确相关数据等。

思考与练习

一、单项选择题

1. 广义的银行理财产品包括（　　）。

A. 新型银行理财产品和传统银行理财产品

B. 新型银行理财产品和各种服务

C. 传统银行理财产品和各种服务

D. 与货币资金相关的各种服务

2. 商业银行理财产品的主要类型包括（　　）。

A. 银行存贷类、投资类理财产品

B. 银行存贷类、结算类理财产品

C. 银行结算类、存贷类理财产品

D. 银行结算类、投资类和存贷类理财产品

3. 活期存款的优点是（　　）。

A. 无固定存期、可随时存取

B. 存取金额不限、可随时存取

C. 无固定存期、存取金额不限

D. 无固定存期、可随时存取、存取金额不限

4. 通知存款适用于(　　)。

A. 储蓄期限一定的小额资金

B. 储蓄期限不定的大额资金

C. 储蓄期限一定的大额资金

D. 储蓄期限不定的小额资金

5. 个人住房贷款包括(　　)。

A. 商业性个人住房贷款、公积金个人住房贷款

B. 公积金个人住房贷款、个人住房组合贷款

C. 个人住房组合贷款、公积金个人住房贷款和商业性个人住房贷款

D. 个人住房组合贷款、商业性个人住房贷款

6. 贷款产品的个人理财应针对银行贷款产品的要素，选择最有利的组合，其核心是(　　)。

A. 在获取所需贷款的同时，尽量减少利息开支

B. 在获取所需理财产品的同时，尽量减少费用开支

C. 在获取所需贷款的同时，尽量减少费用开支

D. 在获取所需理财产品的同时，尽量减少利息开支

7. 投资者选择理财产品，需要从(　　)三个方面综合考虑。

A. 盈利性、安全性和流动性

B. 盈利性、安全性和风险性

C. 盈利性、安全性和流动性

D. 盈利性、风险性和流动性

8. 整存整取方式适合于(　　)。

A. 长时间不动用、不追求高风险收益资金的储蓄存款

B. 长时间不动用、追求高风险收益资金的储蓄存款

C. 长时间可能动用、不追求高风险收益资金的储蓄存款

D. 长时间可能动用、追求高风险收益资金的储蓄存款

二、多项选择题

1. 目前商业银行所提供的个人理财产品包括(　　)。
A. 银行存款类理财产品　　B. 银行投资类理财产品
C. 银行结算类理财产品　　D. 银行代理类理财产品
2. 银行理财产品的理财优势包括(　　)。
A. 资本充足率高、实力雄厚　　B. 信誉好、安全性高
C. 网点众多、快捷便利　　D. 理财更专业、更客观
3. 按照产品用途不同，个人贷款产品可以分为(　　)。
A. 个人住房贷款　　B. 个人消费贷款
C. 个人经营贷款　　D. 个人抵押贷款
4. 个人消费贷款包括(　　)。
A. 个人汽车贷款　　B. 个人助学贷款
C. 个人耐用消费品贷款　　D. 个人医疗贷款
5. 对于投资者来说，债券型理财产品的优点是(　　)。
A. 具有优质资产支持　　B. 具有可确定的较高收益
C. 风险较小　　D. 流动性强
6. 商业银行外汇类理财产品具有的风险特征包括(　　)。
A. 市场风险　　B. 操作风险
C. 流动性风险　　D. 监控风险
7. 商业银行投资理财产品的选择策略包括(　　)。
A. 把握理财产品的特点
B. 进行理财产品的风险审视
C. 分析挂钩标的产品的未来走势
D. 选择适当的银行
8. 对商业银行理财产品进行综合性选择配置时应考虑的关键因素包括(　　)。
A. 能否保证本金安全
B. 产品收益是如何取得的
C. 最坏的结果是什么
D. 产品的流动性如何

三、判断题

1. 银行理财产品是由商业银行自行设计并发行的以自然人或家庭为服务对象的理财产品或工具。（　）

2.《巴塞尔协议》要求的商业银行资本充足率在10%以上。（　）

3. 商业银行在金融机构中的诚信度是最高的。（　）

4. 个人消费贷款包括个人娱乐消费贷款。（　）

5. 债券型产品是早期银行理财产品的唯一品种。（　）

6. 贷款产品的个人理财应针对银行贷款产品的要素，选择风险最小的组合。（　）

7. 公积金贷款的对象比商业贷款更广泛，适合更多的个人客户。（　）

8. 投资者选择理财产品，需要从盈利性、安全性和流动性三个方面综合考虑。（　）

第五章 家庭保险理财

【学习指导】

通过本章的学习，学生应能熟悉家庭保险的相关基础知识，掌握保险及风险管理的基本原则，熟悉人身保险和财产保险产品，能制定和选择适合个人（家庭）的保险规划，正确选择适合自身的家庭保险类别。

第一节　保险基本原理

一、保险的需求

人们在生活中面临的各种风险可以归纳为人身风险、财产风险以及责任风险。由于趋利避害的本性，人们必然产生回避或者转移风险的需求。

（1）人身保护的需求。

第一，需要支付由于严重伤害、事故或者重病所导致的医疗费用，比如医药费、护理费、住院费等，这种支付常常是一次性的。

第二，需要支付由于伤害或者疾病导致永久丧失劳动能力之后自己及被供养人的生活费用，这种支付可能是比较长期的。

第三，需要支付由于衰老而导致丧失劳动能力之后的生活费用。

第四，需要支付较早死亡者的被供养人的生活费用。

第五，需要支付较早死亡者的其他所有遗留义务与债务，如汽车抵押贷款、个人贷款等。

（2）财产保护的需求。需要支付在风险发生、造成财产破坏或者损毁之后，对实物财产进行维修或者重置的费用，如发生交通事故后修复汽车、发生火灾后重建房屋以及置办家具等。

（3）责任保护的需求。需要支付自身行为造成的对他人赔偿责任的费用，包括对他人财产损失的赔偿，如撞坏他人汽车后的修理费用、烫伤他人后的医疗费用、对他人人身伤害的赔偿以及对他人其他可能损失的赔偿等。

二、保险的供给

由此可见，在人们的日常生活和工作中，经常面临各种可能造成人身伤害或者财产损失的风险，因而也产生了规避各种风险的需求。在应对各种风险所造成的不利影响的过程中，保险逐渐成为满足人们规避风险需求的一种重要手段。

（1）保险的定义。保险这个概念有狭义和广义之分。从广义上说，保险包括由社会保障部门提供的社会保险，如社会养老保险、社会医疗保险、社会失业保险等。除此之外，保险还包括专业保险公司按照市场规则提供的商业保险，这也是本章讨论的主要内容。

狭义的保险主要是指商业保险，它是由保险人和投保人之间签订保险合同，保险人通过收取保险费的形式建立保险基金，用于补偿因自然灾害或意外事故所造成的经济损失，或者在人身保险事故发生（如被保险人死亡、伤残、疾病）或达到人身保险合同约定的年龄、期限时，承担给付保险金责任的一种经济补偿制度。

商业保险通常包括几层含义：一是商业保险属于一种商业行为；二是商业保险以合同为依据；三是合同双方有相应的权利和义务；四是经济补偿或保险金给付以合同约定的保险事故发生为条件。

（2）保险的功能。保险的主要功能可以分为基本功能和派生功能两种。

保险的基本功能就是前面讨论的转移风险和分摊损失的功能、经济补偿功能以及保险金给付功能，它符合人们应对风险的最初动机，是保险最主要的功能。

保险的派生功能是投融资功能和防灾防损功能。

所谓保险的投融资功能有两层含义：一方面，它是对保险人而言的，因为保险费的收取与保险金的给付或赔偿之间存在一定的时间差，保险人在此期间可以对保险基金进行投资经营，使保险基金能够保值增值；另一方面，它是对投保人而言的，投保人可以选择某些保险产品以获取预期的保险金给付，从而将保险作为一种投资。

一般来说，保险人可以通过提供损失管理服务来实现防灾防损功能，即帮助被保险人对潜在的损失风险进行预测、分析与评估，提出合理的事前预防方案和损失管理措施。

保险的主要作用在于，通过购买保险产品，被保险人在遭受了保险责任范围内的风险损失时，就可以得到及时和可靠的经济补偿或者保险金，从而使被保险人应该享有的各项经济利益获得可靠的保障。

（3）保险的对象。保险的对象是指保险公司愿意并且能够承担保险责任的各种风险标的，主要可分为两大类：

1）人身标的。人身标的主要是指被保险人的生命和身体机能。在保险期间，对被保险人的疾病、伤残、由于年老而丧失劳动能力、死亡等，保险人要承担给付保险金的责任。

2）实物标的。实物标的是指被保险人所拥有的实物及其经济价值，既包括一些有形的标的物，如房屋、车辆、家具、农作物等，也包括个人信用、债权、预期收益等。

（4）保险合同。保险合同由投保客户和保险公司双方共同签订，是确认投保人和保险公司各自权利和义务的法律文书。在保险合同中会涉及一些保险的专有名词。

（5）主要保险名词。

1）投保人。与保险公司签订保险合同，并且按照合同负有支付保险费义务的人。

2）保险人。与投保人签订保险合同，并且承担赔偿或者给付保险金责任的保险公司。

3）被保险人。其生命受到保险合同保障，享有保险金请求权的人。被保险人和投保人可以不是同一个人。

4）受益人。在人身保险合同中由被保险人或者投保人指定并享有保险金请求权的人。当然，投保人和被保险人本身也可以作为受益人。

5）保险标的。保险标的是指作为保险对象的财产及其有关利益，或者是人的寿命和身体。

6）保险期限。保险期限也称保险期间。根据保险合同，保险公司在约定的时间内对约定的保险事故负保险责任，这个约定时间就是保险期限。

7）保险费。投保人根据保险合同的有关规定，为被保险人或者受益人取得因约定保险事故发生所造成的经济损失赔偿而预先支付的费用。

8）保险赔偿。保险人承担赔偿或者给付保险金责任的金额。

（6）保险合同的主要内容。一般来说，保险合同应当包括以下条款：

1）保险人的名称和住所。

2）投保人、被保险人的名称和住所以及人身保险受益人的名称和住所。

3）保险标的。

4）保险责任和责任免除。

5）保险期间和保险责任开始时间。

6）保险价值。

7）保险金额。

8）保险费以及支付办法。

9）保险金赔偿或者给付办法。

10）违约责任和争议处理。

11）订立合同的年、月、日。

第二节　主要保险产品

针对人们期望规避风险而产生的保险需求，保险公司开发了许多保险产品，并提供给投保客户，所以保险产品的分类和人们在现实生活中面临的风险种类基本是对应的。如果按不同保险对象对保险产品进行分类的话，可以分为人身保险、财产保险和责任保险。下面将对各种保险产品进行简要介绍。

一、人身保险

人身保险针对人们面临的人身风险，它以人的身体和寿命作为保险标的，是最常见、最重要的保险产品之一。当被保险人因为意外伤害、疾病、衰老等原因而导致伤残、丧失劳动能力、死亡或生存到保险期满时，保险人将向被保险人或者受益人给付约定的保险金。人身保险可分为人寿保险、意外伤害保险和健康保险。

（一）人寿保险

人寿保险是人身保险的主要类别。人寿保险也称生命保险，它以被保险人的生命为保险标的，以被保险人的生存或者死亡为保险事故，在发生保险事故时，保险人对被保险人履行给付保险金的责任。人寿保险通常可分为生存保险、死亡保险、生死两全保险和年金保险。

为了实现对被保险人的承诺支付或赔偿，保证偿付能力，寿险公司必须利用从保险费中提存的基金进行稳健投资，以取得一定的投资收益，使得资产保值增值。所以，投保人寿保险，除可以获得保障外，同时也是一种投资和储蓄。投保人可以从保险公司得到投资收益（即红利）和储蓄收益（即利息），而且保险单所有人还可以享有保单抵押贷款、退保、选择保险金给付方式等权利。

（1）生存保险。生存保险是以被保险人在保险期满时仍然生存为给付条件的人寿保险。生存保险的主要特点是，如果被保险人在保险期限内死亡，保险公司的保险责任就此终止，并且保险人不给付保险金，也不退回投保人所交的保险费。

生存保险具有较强的储蓄功能，因为一定时期之后被保险人可以领取一笔保险金，以满足其生活等方面的需要。例如，年金保险就是一种较常见的生存保险。

（2）死亡保险。死亡保险是以被保险人在保险期内死亡为给付保险金条件的保险。根据保险期限的不同，死亡保险可以分为定期人寿保险和终身人寿保险。

第一，定期人寿保险。定期人寿保险只提供一个确定的保障时期（如 5 年、10 年、20 年），或者到被保险人达到某个年龄为止（如 65 岁）。如果被保险人在规定时期内死亡，保险人向受益人给付保险金。如果被保险人期满生存，保险人不承担给付保险金的责任，也不退还保险费。

定期人寿保险有以下特点：

1）保险费相对较为低廉。由于定期人寿保险不含储蓄因素，而且保险人承担的风险责任有确定期限，所以在保险金额相等的条件下，定期人寿保险的保险费低于其他寿险，并且可获得较大的保障。

2）可以延长保险期限。许多保险公司允许保单所有人在保险期满时，无须进行体检即可延长保险期限。

3）可以变换保险类型。此外，有很多保险公司规定，被保险人不论健康状况如何，均有把定期人寿保险变换为终身人寿保险或两全保险的选择权。不过，这种选择权一般只允许在一个规定的变换期内行使，如65岁以前。

4）保险公司对投保人有比较严格的选择。在人寿保险中，身体健康欠佳的人或者危险性较大的人，往往积极投保较大金额的定期人寿保险。为了使承担的风险掌握在可控范围内，保险公司选择投保客户的措施通常包括：对超过一定保险金额的保户做全面、彻底的健康检查；对身体状况略差或从事某种危险工作的保户提高收费标准；对年龄较大、身体又较差者拒绝承保。

适宜选择定期人寿保险的人包括：一是在短期内从事比较危险的工作，急需保障的人；二是家庭经济境况较差、子女年岁尚小、自己又是家庭经济主要来源的人。对他们来说，定期人寿保险可以用最低的保险费支出取得最大金额的保障，但定期人寿保险没有储蓄与投资收益。

第二，终身人寿保险。终身人寿保险也称终身死亡保险，是一种提供终身保障的保险。无论被保险人在保险有效期内何时死亡，保险人都要向其受益人给付保额。终身人寿保险可分为普通终身人寿保险和特种终身人寿保险。

终身人寿保险的显著特点是保单具有现金价值，而且保单所有人既可以中途退保并领取退保金，也可以在保单现金价值的一定限额内贷款，具有较强的储蓄性，所以终身人寿保险的费率较高。为了解决不同年龄阶层的人支付能力的差距，往往采取均衡保费的费率制定方法。

（3）生死两全保险。生死两全保险也称生死混合保险，是指如果被保险人在保险期内死亡，保险人向其受益人给付保险金；如果被保险人生存至保险期满，保险人将向被保险人给付保险金。

由此可见，生死两全保险的主要特点为，它是死亡保险和生存保险的混合险种。所以，生死两全保险可分为定期寿险和储蓄投资两个部分。保单中的定期寿险保费逐年递减，至保险期满日为零；而储蓄保费逐年递增，至保险期满日为投保金额。

生死两全保险的优点是，不论被保险人在保险期内生存或死亡，被保险人本人或受益人在保险期满后总是可以获得稳定的保险金。生死两全保险既可以保障被保险人的晚年生活，又能解决由于本人死亡后给家庭经济造成的困难。因此，生死两全保险在人寿保险中最能体现保障与投资的两重性，有时人们又称其为储蓄保险。生死两全保险的储蓄性使它具有现金价值，被保险人能够在保单期满前享受各种储蓄利益。

由于生死两全保险既可以作为一种储蓄手段，又可以作为提供养老保障的手段，还可以作为实现特殊目的积累资金的手段，所以深受人们欢迎。目前，保险市场上的大多数人寿保险险种都属于生死两全险种，常见的保险产品有子女婚嫁保险、子女教育金保险、学生平安保险以及大多数养老保险。

除这些传统险种外，近年来在许多国家的保险市场上还出现了一些创新的保险产品，如万能人寿保险。万能人寿保险的最大特点是具有灵活性，保单所有人既能定期改变保险费金额，还能暂停缴付保险费，非常适合需要长期保障和投资安全的人购买。

（4）年金保险。

第一，年金保险的定义。年金保险是指保险人承诺每年（或每季、每月）给付一定金额给被保险人（年金受领人）的保险。所以，年金保险实际上是一种生存保险。由于这种保险产品丰富多样，同时具有许多优点，所以近年来以极快的速度发展，并成为保险公司的主要业务之一。

第二，年金保险的主要特点。

1）投保人要在开始领取年金之前交清所有保费，不能边交保费、边领年金。

2）年金保险可以有确定的期限，也可以没有确定的期限，但均以年金保险中被保险人的生存为支付条件。在年金受领者死亡时，保险人立即终止支付。

3）投保年金保险可以使被保险人的晚年生活得到经济保障。人们在年轻时节约闲散资金缴纳保费，年老之后就可以领取固定数额的保险金。

4）投保年金保险对于年金购买者来说是非常安全可靠的。因为保险公司必须按照法律规定提取责任准备金，而且保险公司之间的责任准备金储备制度可以保证，即使投保客户购买年金保险的保险公司停业或破产，其余保险公司仍会自动为购买者分担年金给付。

从某种意义上说，年金保险和前面所说的人寿保险的作用正好相反。人寿保险为被保险人因过早死亡而丧失的收入提供经济保障，而年金保险则是预防被保险人因寿命过长而可能丧失收入来源或耗尽积蓄所做的经济储备。如果一个人的寿命与他的预期寿命相同，那么他参加年金保险既未获益也未损失；如果他的寿命超过了预期寿命，那么他就获得了额外支付，其资金主要来自没有活到预期寿命的那些被保险人缴付的保险费。所以，年金保险有利于长寿者。

从本质上讲，年金保险并不是真正意义上的保险，而是人们通过寿险公司进行的一项投资，它代表年金合同持有人与寿险公司之间的契约关系。当投保客户购买年金保险时，保险公司为客户提供了一定的收益保障。当然，保障的内容取决于投保人所购买的年金保险的类型。

第三，年金保险的主要类型。

1）个人养老金保险。这是一种主要的个人年金保险产品。年金受领人在年轻时参加保险，按月缴纳保险费至退休日止。从达到退休年龄次日，年金受领人开始领取年金，直至死亡。

年金受领人可以选择一次性总付或分期付年金。如果年金受领人在达到退休年龄之前死亡，保险公司会退还积累的保险费（计息或不计息）或者现金价值，根据金额较大的计算而定。在积累期内，年金受领者可以终止保险合同、领取退保金。一般来说，保险公司对个人养老金保险可能会有如下承诺：

①被保险人从约定养老年龄（如 50 周岁或 60 周岁）开始领取养老金，可按月领，也可按年领，或一次性领取。对于按年领或按月领者，养老金保证一定年限（比如 10 年）给付，如果在这一年限内死亡，受益人可继续领取养老金至年限期满。

②如果养老金领取一定年限后被保险人仍然生存，保险公司每年按一定比例递增给付养老金，一直给付，直至死亡。

③交费期内因意外伤害事故或疾病死亡，保险公司给付死亡保险金，保险合同终止。

2）定期年金保险。这是指投保人在规定期限内缴纳保险费，被保险人生存至一定时期后，依照保险合同的约定按期领取年金，直至合同规定期满时止的年金保险。如果被保险人在约定期内死亡，则自被保险人死亡时终止给付年金。

子女教育金保险就属于定期年金保险。父母作为投保人，在子女幼小时，为其投保子女教育金保险，等子女年满 18 岁开始，从保险公司领取教育金作为读大学的费用，直至子女大学毕业。

3）联合年金保险。这是以两个或两个以上被保险人的生命作为给付年金条件的保险，主要包括联合最后生存者年金保险以及联合生存年金保险两种类型。

联合最后生存者年金保险是指同一保单中的两人或两人以上，只要还有一人生存就继续给付年金，直至全部被保险人死亡后才停止。该保险非常适于一对夫妇和有一个永久残疾子女的家庭购买。由于以上特点，该保险产品要比相同年龄和金额的单人年金保险缴付更多的保险费。联合生存年金保险是指，只要其中一个被保险人死亡就停止给付年金，或者随之减少一定的比例。

4）变额年金保险。这是一种保险公司把收取的保险费计入特别账户，主要投资于公开交易的证券，并将投资红利分配给参加年金保险的投保者。变额年金保险是指保险购买者承担投资风险，由保险公司承担死亡率和费用率的变动风险。

对投保人来说，购买这种保险产品有以下优点：一方面，可以获得保障功能；另一方面，可以以承担高风险为代价得到高保额的返还金。因此，购买变额年金保险类似于参加共同基金类型的投资，当前保险公司还向参加者提供多种投资的选择权。由此可见，购买变额年金保险可以看做一种投资。

在风险较大的经济环境中，人寿保险市场的需求重点在于保值以及与其他金融商品的比较利益。变额年金保险提供的年金随资产的投资结果而变化。变额年金保险是专门针对通货膨胀，为确保投保者获得稳定的货币购买力而设计的保险产品形式。

（二）意外伤害保险

（1）意外伤害保险是指投保人向保险人缴纳保险费后，如果在保险期内，因发生意外事故导致保险人死亡、伤残、支出医疗费用或暂时丧失劳动能力，保险人按照合同的规定给付保险金的保险。

（2）意外伤害保险的类别。

第一，死亡给付是指被保险人遭受意外伤害造成死亡时，保险人给付死亡保险金。

第二，残废给付是指被保险人因遭受意外伤害造成残疾时，保险人给付残疾保险金。

第三，医疗给付是指被保险人因遭受意外伤害支出医疗费时，保险人给付医疗保险金。意外伤害医疗保险一般不单独承保，而是作为意外伤害、死亡、残疾保险的附加险承保。

第四，停工给付是指被保险人因遭受意外伤害导致暂时丧失劳动能力不能工作时，保险人给付停工保险金。

需要说明的是，一个具体的意外伤害保险险种可以同时提供全部四项保障，也可只承保其中一两项，这需要人们在投保时仔细了解。从上面可以看出，意外伤害保险与人寿保险中的死亡保险、两全保险都包括了死亡给付责任，但它们之间存在一定的区别。意外伤害保险的保险责任是被保险人因意外伤害所致的死亡和残疾，不承担其他原因（如疾病、生育）所致的死亡保险责任；死亡保险的保险责任是被保险人因疾病或意外伤害所致的死亡，不承担意外伤害所致的残疾；两全保险的保险责任是被保险人因疾病或意外伤害所致的死亡以及被保险人生存到保险期限结束。

（三）健康保险

（1）健康保险的定义。健康保险是以被保险人因疾病所导致的医疗费用以及收入损失的发生为保险金给付条件的保险。在商业保险中，保险人较少单独经营健康保险，通常是将健康保险作为一种附加险，与人寿保险和意外伤害保险组合办理。

（2）健康保险的特点。相对于人寿保险而言，健康保险具有以下特点：

首先，健康保险的承保条件更为严格。其原因在于，影响健康的因素很多，而疾病是影响健康保险的主要因素，所以保险公司经常根据投保人的病历、所从事的职业以及居住环境和生活方式等进行较严格的评估。

其次，健康保险的给付条件有所不同。在健康保险的保险事故发生时，对于合理和必需的费用，保险人都会给付保险金，主要包括门诊费、医药费、住院费、护理费、手续费等。但是，这种医疗费用的保险常常会规定最高保险额和最低免赔额。

（3）医疗费用保险。

1）医疗费用保险的定义。医疗费用保险简称医疗保险，是指提供医疗费用保障的保险，它是健康保险的主要内容之一。医疗费用主要包含医生的门诊费、药费、住院费、护理费、医院杂费、手术费、各种检查费等。各种不同的健康保险产品所保障的费用一般是其中的一项或若干项的组合。

医疗保险的作用是，当被保险人发生大额医疗费用支出时，可得到经济上的帮助，而对于因患一般性疾病而支付的小额医疗费用，可以视为日常生活开支。在现实生活中，还存在着由政府社会保障部门提供的社会医疗保险制度，它们与此处讨论的商业医疗保险相互配合，共同承担医疗费用风险服务。

2）医疗保险的常见类型。保险公司提供的常见医疗保险品种有普通医疗保险、住院保险、手术保险、特种疾病保险、住院津贴保险和综合医疗保险。

①普通医疗保险。向被保险人提供与治疗疾病相关的一般性医疗费用，主要包括门诊费、医药费、检查费等。这种保险的保费成本较低，比较适用于一般社会公众。由于对医药费和检查费的支出控制有一定的难度，所以这种保单一般都有免赔额和费用分担的规定，保险人支付免赔额以上部分的一定比例，而保险费则需根据情况逐年调整。因疾病所发生的费用累计超过保险金额时，保险人不再负责。

②住院保险。由于住院发生的费用往往很高，所以住院费就作为一项单独的保险。住院保险的费用项目主要是每天的住院费（床位费）、利用医院设备的费用、手术费、医药费等。由于住院时间的长短直接影响费用的高低，因此这种保险的保险金额应根据病人的平均住院费用情况而定。为了控制不必要的长时间住院，住院保险一般规定保险人只承担所有费用的一定百分比，而不是全部。

③手术保险。这种保险提供病人因做必要的手术而发生的全部费用。

④特种疾病保险。某些特殊的疾病往往给病人带来灾难性的费用支付，一般居民家庭难以承受，如癌症、心脏病等。所以，人们通常要求这种保险的金额比较大，以足够支付特种疾病产生的各种费用。为保户提供的重大疾病保障可以是单项（如恶性肿瘤，甚至是恶性肿瘤中的某几种），亦可以是多项，并将约定的几种重大疾病一一列举（如恶性肿瘤、心肌梗塞、尿毒症、重要器官移植、四肢瘫痪、脑中风及冠状动脉搭桥手术等）。

⑤综合医疗保险。综合医疗保险是保险人为被保险人提供的一种全面医疗费用保险，其费用范围包括医疗、住院和手术等一切费用。这种保单的保险费较高，一般都确定一个较低的免赔额以及分担比例。

二、财产保险

财产保险是以物质财产及相关的利益和责任作为保险标的的保险类别。需要指出的是，广义的财产保险除了物质财产之外，还包括第三者责任、公众责任、产品责任、雇主责任、职业责任等责任标的。

（一）财产保险的种类

一般来说，财产保险可以分为两大类，即物质财产保险和责任保险。下面将对各保险产品做简要介绍。

（1）物质财产保险。这是将各种有形的物质财产作为保险标的的财产保险。物质财产保险的主要类别有以下几项：

1）家庭财产保险。承保因自然灾害和意外事故引起的对家庭或者个人所有财产的损害。

2）运输工具保险。承保运输工具因自然灾害和意外事故造成的本身损失或者第三者责任损失。

3）货物运输保险。承保运输过程中的货物因自然灾害或者意外事故所造成的损失。

4）农业保险。承保种植业、养殖业、捕捞业在生产过程中或者因自然灾害和意外事故所造成的损失。

5）工程保险。承保在建工程和安装工程由于不可预料的事故及安装不善等所造成的损失。

（2）责任保险。责任保险是指以被保险人的民事损害赔偿作为保险标的的保险，即替被保险人承担对第三者的损害赔偿责任。责任保险一般是以各种附加险的形式与其他保险产品共同出售的，但也存在一些可以单独办理的责任保险。责任保险的主要类别有以下几项：

1）公众责任保险。承保被保险人在固定的公众场所活动中，由于意外事故对他人造成的人身伤害或者财产损失的经济赔偿责任。

2）产品责任保险。承保被保险人因产品缺陷而导致用户遭受人身伤害或者财产损失的经济赔偿责任。被保险人可以是产品的制造商、销售商或者是维修商。

3）雇主责任保险。承保被保险人的雇员在受雇工作时遭受意外事故导致伤害或者死亡的经济赔偿责任。

4）职业责任保险。承担各种职业技术人员因工作疏忽或者过失造成对他人的伤害或者财产损失所应付的经济赔偿责任。所谓职业技术人员是指医生、会计师、律师等专业人员。

（二）家庭财产保险

（1）家庭财产保险是常见的个人保险品种。对于家庭财产而言，可保利益的产生和存在主要有三个来源：

1）所有权。单个或者与别人共同拥有财产的所有人，接受他人财产管理委托的受托人，或者享有他人利益的受益人，均对财产具有可保利益。

2）占有权。对财产的安全负有责任的人（如保管客户物品的仓库保管员）以及对财务具有留置权的人。不过，这种可保利益的来源在家庭财产保险中不是很常见。

3）契约权益。与他人签订契约或合同并因此享有权益的人，比如租赁房屋的承租人对承租的房屋具有一定的可保利益。

（2）家庭财产保险的类别。家庭财产保险主要包括普通家庭财产保险、房屋保险以及机动车辆保险。

1）普通家庭财产保险。

①保险标的。

第一，一般保险标的。一般来说，普通家庭财产的保险标的主要是指室内财产，包括：

● 家用电器和文体娱乐用品。

● 衣物和床上用品。

● 家具及其他生活用具。

第二，特约保险标的。有些家庭财产，比如投保人代他人保管的财产、与他人共有但由被保险人管理的财产、必须由专业鉴定人员才能确定价值的财产和难以估算价值的财产一般不在可投保的保险标的范围之内，但通过投保人和保险公司间的协商，可以特约投保获得保障。下面列出了这些特约保险标的的一部分：

● 金银、珠宝、钻石及制品，玉器、首饰、古币、古玩、字画、邮票、艺术品、稀有金属等珍贵财物。

● 货币、票证、有价证券、文件、书籍、账册、图表、技术资料、电脑软件及资料以及无法鉴定价值的财产。

● 食品、粮食、烟酒、药品、化妆品等日用消费品，各种养殖及种植物等。

②保险责任。一般来说，由于下列原因造成保险标的的损失，保险人会依照保险条款的约定负责赔偿：

● 火灾、爆炸等意外事故。

● 雷击、台风、龙卷风、暴风、暴雨、洪水、雪灾、雹灾、冰凌、泥石流、崖崩、突发性滑坡、地面突然下陷等自然灾害。

● 飞行物体及其他空中运行物体坠落，不属于被保险人所有或使用的建筑物和其他外来固定物体的倒塌。

● 上述灾害事故发生后，为防止灾害损失扩大，积极抢救、施救、保护保险标的而支出的合理费用。

③除外责任。但是，同样存在一些保险公司责任免除的情况，由于这些原因造成保险标的的损失，一般保险人不负责赔偿：

● 战争、敌对行为、军事行动、武装冲突、罢工、暴动和盗抢。

● 核反应、核辐射和放射性污染。

● 被保险人及其家庭成员、寄居人、雇用人员的违法、犯罪或故意行为。

● 保险标的本身缺陷、保管不善导致的损毁，保险标的变质、霉烂、受潮、虫咬、自然磨损、自然损耗、自燃、烘焙所造成的损失。

但是，与普通家庭财产的可保标的一样，这些保险责任的范围也不是绝对的，同样可以通过投保人和保险公司之间的协商重新或者单独约定。

2）房屋保险。显然，房屋保险是以房屋作为保险标的的保险类别。

①保险标的。这里所说的房屋，除房屋重要结构（屋墙、屋顶、屋架）之外，还包括房屋的附属设备，比如属于固定装置的水暖、气暖、卫生、供水、管道煤气、供电设备及厨房配套的设备等。此外，房屋还可以包括室内装修物。

一般来说，保险公司不会接受属于下列情况的房屋投保：

- 正处于紧急危险状态下的房屋。
- 政府征用、拆迁或违章建筑的房屋。
- 年久失修或长期无人居住和看管的房屋。
- 在建房屋及建筑材料。
- 坐落在分洪区、泄洪区、洪水警戒线以下的房屋。
- 用芦苇、芦席、油毛毡、塑料、稻麦秆、帆布、竹柳等材料为屋墙、屋顶、屋架的简陋屋棚。

②保险责任。一般来说，保险房屋由于下列原因造成的损失，保险人承担赔偿责任：

- 火灾、爆炸、雷击、洪水、雹灾、雪灾、崖崩、泥石流、冰凌、地陷、滑坡等意外事故或者自然灾害。
- 暴风（达到一定级别或超过一定风速）、暴雨（一定时间达到一定降雨量）造成房屋主要结构（屋墙、屋顶、屋架）倒塌。
- 空中运行物体的坠落以及外来建筑物或其他固定物体的倒塌。
- 发生上述灾害或事故时，为防止灾害蔓延或施救所采取的必要措施造成的保险房屋损失以及由此支付的合理费用。

③除外责任。一般来说，保险房屋由于下列原因造成的损失，保险人不负赔偿责任：

- 战争、军事行动或暴力行为。
- 核辐射和核污染。
- 地震所造成的一切损失。
- 被保险人、房屋所有人、使用人、承担人或代看管人及其家庭成员的故意行为。
- 属于不保房屋及其他不属于保险责任范围内的灾害事故损失。

3）机动车辆保险。一般来说，机动车辆保险所承保的机动车辆是指汽车、电车、电瓶车、摩托车、拖拉机、各种专用机械车、特种车辆等。

机动车辆保险一般分为两大类，即基本保险和附加保险。其中，基本保险主要是指车辆损失险和第三者责任险，保险人按承保险的类别分别承担保险责任。在投保基本保险的前提下，客户还可以选择投保各种附加险。

①机动车辆保险的基本保险产品。

第一，车辆损失险。被保险人或者其允许的合格驾驶员在使用保险车辆过程中，因为下列原因造成保险车辆的损失，保险人应该负责赔偿：

- 碰撞、倾覆、火灾、爆炸等意外事故。
- 外界物体倒塌、空中运行物体坠落。
- 雷击、暴风、龙卷风、暴雨、洪水、海啸、地陷、冰陷、崖崩、雪崩、雹灾、泥石流、滑坡等自然灾害。
- 发生保险事故时，被保险人对保险车辆采取施救、保护措施所支出的合理费用。

第二，第三者责任险。被保险人允许的合格驾驶员在使用保险车辆过程中发生意外事故，致使第三者遭受人身伤亡或财产的直接损毁，依法应当由被保险人支付的赔偿金额，保险人依照保险合同的规定给予赔偿，但事故产生的善后工作将由被保险人负责处理。

第三，责任免除。一般来说，下列原因造成保险车辆的损失或第三者的经济赔偿责任，保险人均不负责赔偿：

- 战争、军事冲突、暴乱、扣押、罚没。
- 驾驶员饮酒、吸毒、药物麻醉、无有效驾驶证。
- 被保险人或其指定驾驶员的故意行为。
- 保险车辆发生意外事故，致使被保险人或第三者停业、停驶、停电、停水、停气、停产、中断通信以及其他各种间接损失。

②机动车辆保险的附加保险产品。在投保了基本保险的基础上，机动车辆保险还可以附加其他特定的保险责任。附加保险承保的是基本保险的某些除外责任，因而通常不能单独投保。囿于篇幅，这里只对其中几种保险产品做简要介绍。

第一，全车盗抢保险。保险车辆在停放中被他人偷走或者在行驶中被盗抢走，经过一定时间仍未找到者，保险人承担赔偿责任。

第二，车上责任保险。保险车辆在使用过程中发生意外事故，造成本车所载货物遭受损失，或者本车人员（包括驾驶员及乘客）人身伤亡，依法本应由被保险人承担的赔偿责任。

第三，无过失责任保险。保险机动车辆发生意外事故造成第三方人员伤亡和财产损失，保险车辆一方没有过失，被保险人已经支付给对方而无法追回的费用。

第三节 制定保险计划

一、制定保险计划的原则

个人参加保险的目的就是为了个人和家庭生活的安全、稳定，从这个目的出发，我们在投保时主要应掌握以下两个原则：

（1）转移风险的原则。投保是为了转移风险，在发生保险事故时可以获得经济补偿。从这个原则出发，必须首先分析家庭的主要风险是什么以及怎样合理地把这些风险转嫁给保险公司。

（2）量力而行的原则。保险是一种契约行为，属于经济活动范畴，投保人必须支付一定的费用，即以保险费来获得保险保障。投保的险种越多、保障范围越大、获得保险的金额越高、保险期限越长，需要支付的保险费就越多，因此投保时要根据自己的经济实力量力而行。

二、制定保险计划的主要步骤

（一）确定保险标的

确定保险计划的首要任务，就是确定保险标的。

如前所述，保险标的是指作为保险对象的财产及其有关利益，或者是人的寿命和身体。投保人可以以其本人、与本人有密切关系的人、他们所拥有的财产以及他们可能依法承担的民事责任作为保险标的。

一般来说，各国保险法律都规定，只有对保险标的有可保利益才能为其投保，否则这种投保行为是无效的。所谓可保利益是指投保人对保险标的具有法律上承认的利益。可保利益应该符合三个要素：

首先，必须是法律认可的利益。如果投保人投保利益的取得或者保留不合法甚至违法，那么这种利益不能成为可保利益。

其次，必须是客观存在的利益。

最后，必须是可以衡量的利益。这样才能确定保险标的的大小，并以此来确定保险金额。

对于财产保险，可保利益是比较容易确定的，财产所有人、经营管理人、抵押权人、承担经济责任的保管人都具有可保利益。

人寿保险可保利益的确定要复杂一些，因为人的生命和健康的价值是很难用经济手段加以衡量的。所以，衡量投保人对被保险人是否具有可保利益，就要看投保人与被保险人之间是否存在合法的经济利益关系，比如投保人是否会因为被保险人的人身风险发生而遭受损失。在通常情况下，投保人对自己以及与自己具有血缘关系的家人或亲人，或者具有其他密切关系的人都具有可保利益。

购买适合自己或家人的人身保险，投保人有三个因素要考虑：一是适应性。自己或家人买人身保险要根据需要保障的范围来考虑。二是经济支付能力。买人寿保险是一项长期投资，每年需要缴存一定的保费，每年的保费开支必须取决于自己的收入水平。三是选择性。个人或家人都不可能投保保险公司开办的所有险种，只能根据家庭的经济能力和适应性选择一些险种。在有限的经济能力下，为成人投保比为儿女投保更实际，特别是家庭的经济支柱，其生活的风险比小孩要高一些。

（二）选定保险产品

如前所述，人们在生活中面临的风险主要可以归纳为人身风险、财产风险和责任风险，而同一个保险标的会面临多种风险。所以，在确定保险需求和保险标的之后，就应该选择准备投保的具体险种。

例如，对于人身保险的被保险人来说，他既面临意外伤害风险，又面临疾病风险、死亡风险等，所以投保人可以相应选择意外伤害保险、健康保险或人寿保险等。

对于财产保险来说，同一项家庭财产也会面临不同方面的风险。例如，汽车面临意外损毁或失窃的风险，此时投保人可以相应选择车辆损失保险、全车盗抢保险或者是两者的组合。

投保客户只有在专业人士的帮助下，才能准确判断自己准备投保的保险标的的具体情况（比如保险标的所面临风险的种类、各类风险发生的概率、风险发生后可能造成损失的大小以及自身的经济能力），在进行综合的判断与分析后，投保人才能选择适合自己的保险产品，从而较好地回避各种风险。

在确定购买保险产品时，投保人还应注意合理搭配险种。投保人身保险可以在保险项目上进行组合，如购买 1～2 个主险附加意外伤害保险、重大疾病保险，使被保险人得到全面保障。但是，在全面考虑所有需要投保的项目时，投保人还需要进行综合安排，应避免重复投保，使用于投保的资金得到最有效的运用。也就是说，如果投保人准备购买多项保险，那么就应尽量以综合的方式投保，因为这样可以避免各个单独保单之间可能出现的重复，从而节省保险费，得到较大的费率优惠。

（三）确定保险金额

在确定保险产品的种类之后，就需要确定保险金额。保险金额是当保险标的的保险事故发生时，保险公司所赔付的最高金额。一般来说，保险金额的确定应该以财产的实际价值和人身的评估价值为依据。

财产的价值比较容易计算。对于一般财产来说，如家用电器、自行车等财产保险的保险金额由投保人根据可保财产的实际价值自行确定，也可以按照重置价值（即重新购买同样财产所需的价值）确定。对于特殊财产，如古董、珍藏等，则要请专家评估。

购买财产保险时可以选择足额投保，也可以选择不足额投保。由于保险公司的赔偿是按实际损失程度进行赔偿的，所以一般不会出现超额投保或者重复投保。一般来说，投保人会选择足额投保，因为只有在这种情况下，当意外灾难发生时，投保人才能获得足额的赔偿。如果是不足额投保，一旦发生损失，保险公司只会按照比例赔偿损失。例如，价值 20 万元的财产只投保了 10 万元，那么若发生了财产损失，则保险公司只会赔偿实际损失的 50%。也就是说，如果实际财产损失是 10 万元，那么投保人所获得的最高赔偿额只有 5 万元，这样会使投保人得不到充分的补偿，即不能从购买保险产品中得到足够的保障。

严格说来，人的价值是无法估量的，因为人是社会性生物，其精神的内涵超过了其物质的内涵。但是，仅从保险的角度，可以根据性别、年龄、配偶的年龄、月收入、月消费、需抚养子女的年龄、需赡养父母的年龄、银行存款或其他投资项目、银行的年利率、通货膨胀率、贷款等，计算虚拟的“人的价值”。

在保险行业，对“人的价值”存在一些常用的评估方法，如生命价值法、财务需求法、资产保存法等。需要注意的是，这些方法都需要每年重新计算一次，以便调整保额。因为人的年龄每年在增大，如果其他因素不变，那么他的生命价值和家庭的财务需求每年都在变小，其保险就会从足额投保逐渐变为超额投保。如果他的收入和消费每年都在增长，而其他因素不变，那么其价值会逐渐增大，原有保险就会变成不足额投保。所以，保险公司每年请保险专业人士检视投保客户的保单是十分必要的。

（四）明确保险期限

在确定保险金额后，就需要确定保险期限，因为这涉及投保人预期缴纳保险费的多少与频率，所以与个人未来的预期收入联系紧密。

对于财产保险、意外伤害保险、健康保险等保险品种来说，一般多为中短期保险合同，如半年或者一年，但投保人在保险期满之后可以选择续保或停止投保。

但是，对于人寿保险来说，保险期限一般较长，比如 15 年甚至到被保险人死亡为止。在为个人制定保险计划时，投保人应将长短期险种结合起来综合考虑。

三、保险计划的风险

投保人在制定保险计划时会面临很多风险，这些风险可能来自提供给投保客户的资料不准确、不完全，或是来自对保险产品的了解不够充分。一般来说，保险策划风险体现在以下几个方面。

（一）未充分保险的风险

这种风险既可能体现在对财产的保险上，也可能出现在对人身的保险上。例如，如果对财产进行的保险是不足额保险，其结果是损失发生时投保人获得的保险金赔偿不足，不能完全规避风险；如果对人身进行保险时保险金额太小或保险期限太短，同样有可能造成一旦保险事故发生，投保人不能获得较为充分的补偿。

（二）过分保险的风险

这种风险可能发生在财产保险和人身保险上，如对财产的超额保险或者重复保险。由于保险公司在赔偿时是根据实际损失支付保险赔偿金，这种超额保险或者重复保险并没有起到真正的保障作用，反而浪费了保费。

这种风险还有可能发生在制定保险产品组合计划时，因为保险公司提供的不同保险产品虽然主要保险合同不一样，但可能存在某些保险内容的重叠，造成保险过度或者重叠，而有些保险内容可能发生遗漏，形成保险空白。

(三)不必要保险的风险

有些风险可以通过自保险或者说风险保留来解决。例如，对平时由于感冒或牙痛等类似的小灾小病所需的医疗费用支出，人们自己承担风险这种处理办法反而更为方便和简单，还可以节省费用，取得资金运用收益。对于应该自己保留的风险进行保险是不必要的，也会增加机会成本，造成资金的浪费。

此外，一般来说，保险市场上的保险产品种类多样、名目繁杂、各有异同，保险费率的计算和保险金额的确定都比较复杂，这也增加了客户制定保险计划的难度。所以，要想制定一份恰当而有效的保险计划，应该在相关专业人士的帮助和指导下进行。

思考与练习

一、单项选择题

1. 按(　　)划分，保险可以分为原保险、共同保险、重复保险和再保险。

A. 保险标的　　　　B. 风险转移层次

C. 保险性质　　　　D. 保险实施方式

2. (　　)是保险最为本质的功能，也是保险的最终目的。

A. 防灾防损职能　　　　B. 融通资金功能

C. 分散风险　　　　D. 补偿损失

3. 关于强制保险，下列说法中错误的是(　　)。

A. 强制保险实施方式的表现之一是保险对象与保险人均由法律限定

B. 任何情况下投保人都不可以自由选择保险人

C. 具有全面性

D. 由国家法律统一规定

4. (　　)是保险成立的基础，它是建立在“我为人人，人人为我”这一社会互助基础之上的。

A. 众人协力　　　　B. 损失赔偿

C. 危险事故　　　　D. 风险因素

5. (　　)是保险成立的前提，是首要要素。

A. 风险因素　　B. 风险损失

C. 众人协力　　D. 个人力量

6. 下列各项中，(　　)不属于社会保险的主要险种。

A. 社会养老保险　　B. 失业保险

C. 健康保险　　D. 医疗保险

7. 保险合同的客体是指(　　)。

A. 保险标的

B. 投保人或被保险人对保险标的的可保利益

C. 保险事故

D. 事故损失

8. 按(　　)划分，保险合同可以分为补偿性合同和给付性合同。

A. 保险合同的经济性质

B. 保险标的的不同

C. 保险金额与保险价值的关系为标准

D. 保险标的的价值是否事先在保险合同中约定

9. 关于财产保险合同，下列说法中不正确的是(　　)。

A. 以财产及其有关利益为保险标的

B. 保险标的既包括有形财产损失，也包括无形财产和财产的有关利益

C. 纳入保险责任范围的财产损失，只能是积极利益的损失，不能是消极利益的损失

D. 大多数属于损失补偿性质的合同

10. 人寿保险是以(　　)为保险标的，当保险事件发生时，保险人履行给付保险金责任的一种保险。

A. 人的生命　　B. 人的生死　　C. 人的身体　　D. 人的健康

二、多项选择题

1. 保险发展至今已有近千年的历史，它自身作为一种制度已渐成一个完整的体系。保险具有以下一些特性(　　)。

A. 经济性　　B. 互助性　　C. 契约性　　D. 科学性

2. 以保险的性质为标准分类，保险可以分为(　　)。

A. 商业保险　B. 社会保险　C. 特定保险　D. 政策保险

3. 根据保障范围不同，人身保险可以分为(　　)。

A. 死亡保险　B. 人寿保险　C. 意外伤害保险　D. 健康保险

4. 人寿保险可分为(　　)。

A. 传统的人寿保险　B. 年金保险

C. 单纯的生存保险　D. 创新型人寿保险

5. 按照实施方式分类，保险可以分为(　　)。

A. 自愿保险　B. 强制保险　C. 合同保险　D. 法定保险

6. 保险的两个基本职能包括(　　)。

A. 防灾防损职能　B. 融通资金职能　C. 分散风险　D. 补偿损失

7. 我们可以将固定年金分为(　　)两种。

A. 固定保费年金　B. 固定给付年金

C. 变额保费年金　D. 变额给付年金

8. 投保人对(　　)具有保险利益。

A. 本人　B. 配偶　C. 子女　D. 父母

三、判断题

1. 由于趋利避害的本性，人们必然产生回避或者转移风险的需求。　(　　)

2. 狭义的保险主要是指商业保险。　(　　)

3. 保险的基本功能就是转移风险和分摊损失的功能，以及经济补偿功能和保险金给付功能。　(　　)

4. 保险的对象是指保险公司愿意并且能够承担保险责任的各种风险标的。　(　　)

5. 生存保险是以被保险人在保险期满时死亡为给付条件的人寿保险。　(　　)

6. 年金保险的主要特点为：投保人在开始领取之前可以不交清所有保费，可以边交保费、边领年金。　(　　)

第六章

债券理财

【学习指导】

通过本章的学习，学生应理解债券的概念及类别、特征，然后在此基础上认识债券投资的基本方式，并能对债券投资做出正确的分析与选择。

第一节　债券理财产品的类别、特征与要素

一、债券理财产品的界定

债券是政府、金融机构、工商企业等机构筹措资金时，向投资者发行的承诺按照规定利率支付利息，并按约定条件偿还本金的债务凭证。债券的本质是债的证明书，具有法律效力。债券投资人与发行人之间是一种债权债务关系，债券发行人是债务人，投资人是债权人。债券作为

一种重要的融资手段和个人金融理财工具，具有偿还性、流通性、安全性、收益性等特点。债券的投资风险较低，是一种较为保守的个人证券理财产品。

二、债券理财产品的类别

（一）按债券发行主体分类

债券分为以下几类：

（1）国家债券。国家债券也称政府债券或公债，是中央政府根据信用原则，以承担还本付息责任为前提而筹措资金的债务凭证。国债的债务人是国家（政府），一般由中央财政承担还本付息的责任。

国债作为债券体系中的一个重要品种，与其他债券相比，有以下四个方面的特点。

1）安全性高。在各类债券中，国债的信用等级通常是最高的。国债是以国家信用作为保证的，政府是国家权力机构，具有稳定的税收来源，因此国债一般不存在还本付息的违约风险，素有“金边债券”的美誉。

2）流动性强。国债的安全性和税收优惠大大增强了其市场接受性，国债一般在发行结束的第二天就可以上市买卖。如果遇到利率上调或有其他更好的投资渠道时，既可质押贷款，又可在提前兑付时享受分段计息，避免了银行定期存款在提前支取时按活期计息的缺憾，能满足投资者灵活调节资产结构的需要。

3）收益稳定。国债的付息由政府保证，对于投资者来说，投资国债的收益是比较稳定的。

4）享受免税待遇。大多数国家规定，对于购买国债所获得的收益可以享受免税待遇，不必缴纳利息税。例如，我国税法规定，个人从国债投资中取得的利息收入免缴所得税。在美国，购买联邦政府债券可免缴州和地方所得税，购买地方政府债券可免缴联邦所得税。这种免税优惠实质上提高了政府债券的收益率。

（2）金融债券。金融债券是指银行及非银行金融机构依照法定程序发行并约定在一定期限内还本付息的有价证券。由于发行主体为金融机构，其信用程度高于一般的公司或企业，但低于政府机构，因此金融债券的风险程度及利率水平低于公司债券，但高于政府债券。

金融债券与储蓄存款是银行的不同负债业务，从特征上看，两者的区别主要体现在以下几个方面，如表6—1所示。

表 6—1　　金融债券与储蓄存款的区别

项目	金融债券	储蓄存款
性质不同	主动负债	被动负债
流动性不同	不记名、不挂失、可流通转让	记名、挂失、不能转让
目的不同	增加长期资金来源、专款专用	扩大资金来源总量
筹资机制不同	集中性、间断性、有限额	经常性、连续性、无限额
筹资效率不同	筹资效率较高	筹资效率较低
筹资成本不同	利率高、筹资成本较高	利率低、筹资成本较低
资金稳定性不同	稳定性较高（有偿还期）	稳定性较低
自主性不同	自主性不强（发行数量、利率、期限受限制）	自主性较强

（3）公司债券。公司债券是指公司依照法定程序发行的、约定在一定期限还本付息的有价证券，它表示发行债券的公司和债券投资者之间的债权债务关系。与股票投资相比，公司债券能够提供可预测的、稳定的收益，价格波动小，风险较低。与政府债券和金融债券相比，公司债券的风险程度较高，但收益率也较高，因而公司债券具有较为适中的风险收益水平。

公司债券的投资权益享有较充分的保障，既有金融机构作为受托人代表其执行权利，发行公司本身又对债权人负有还本付息责任。公司债券的不足之处在于，除了可能要受利率变动和通货膨胀带来的风险外，还面临着公司经营风险和违约风险，而且其利息收入还要缴纳所得税。保险公司、银行储蓄、基金等机构投资者及少数个人比较青睐公司债券，尤其是信誉卓著的公司债券。

（二）按债券偿还期限分类

债券按偿还期限可分为长期债券、中期债券、短期债券。偿还期在 10 年以上的为长期债券，偿还期在 1 年以下的为短期债券，偿还期在 1 年以上、10 年以下（包括 10 年）的为中期债券。

我国国债的期限划分与上述标准相同，但我国企业债券的期限划分与上述标准有所不同。我国短期企业债券的偿还期限在 1 年以内，偿还期限在 1 年以上、5 年以下的为中期企业债券，偿还期限在 5 年以上的为长期企业债券。

（三）按债券的发行地点划分

按发行地点划分，债券可分为：

（1）国内债券。国内债券是指一国借款人在国内证券市场上、以本国货币计价、向本国投资者发行的债券，即发行者和发行地点同属一个国家的债券。

（2）国际债券。国际债券是指一国借款人在国际证券市场上、以外国货币计价、向外国投资者发行的债券，即发行者和发行地点不属于同一个国家的债券。国际债券可分为两类：一是外国债券；二是欧洲债券。外国债券是指某一国借款人在本国以外的国家发行以该国货币计价的债券。其特点是债券发行人在一个国家，债券的面值货币和发行市场属于另一个国家。例如，扬基债券就是在美国债券市场上发行的外国债券，即美国以外的政府、金融机构、工商企业和国际组织在美国国内市场发行的、以美元为计值货币的债券。武士债券是在日本债券市场上发行的外国债券，是日本以外的政府、金融机构、工商企业和国际组织在日本国内市场发行的、以日元为计值货币的债券。欧洲债券的特点是债券发行者、债券发行地点和债券所用的计价货币分属不同的国家。由于欧洲债券不以发行所在国的货币计价，也称无国籍债券。

（四）按利率是否变动划分

按照利率是否变动划分，债券可分为固定利率债券和浮动利息债券。

固定利率债券是指债券的票面利率在发行时确定，在债券的整个存续期内保持不变，一般高于相同期限的银行存款利率 1 个百分点。固定利率债券不考虑市场变化因素，因而其筹资成本和投资收益可以事先预计，不确定性较小，但投资者仍需承担市场利率波动的风险。

浮动利率债券是指债券的票面利率随市场利率的变化而浮动，浮动利率债券往往是中长期国债。浮动利率债券的利率通常是根据市场基准利率加上一定的利差来确定，票面利率在偿还期内可以进行变动和调整。

三、债券的特征与要素

（一）债券的特征

作为个人理财产品，债券具有如下特征：

（1）偿还性。偿还性是指债券有规定的偿还期限，债务人必须按期向债权人支付利息和偿还本金。这是由债券反映的债权债务关系决定的。债券的偿还性使得债券发行主体不能无限期地占用债券购买者的资金。

（2）流动性。流动性就是债券的变现能力，它是指债券持有人可按自己的需要和市场的实际情况，转让债券、收回本息的灵活程度。债券规定了偿还期限，到期前不能兑付，但债券持有人在债券到期前如需现金，可到证券市场转让变现，也可到银行等金融机构进行质押贷款，因此债券具有流动性。

(3) 安全性。安全性是指债券持有人的收益相对固定，不随发行者经营收益的变动而变动，并且可按期收回本金。与股票相比，债券投资的风险较小，但债券的安全性是与股票相比较而言的，并不是说债券绝对安全。

(4) 收益性。收益性是指债券能为投资者带来一定的收入。这种收入主要表现为利息，即债券的投资报酬。在实际经济活动中，债券收益可以表现为两种：一是债权人将债券一直保持至期满日为止。因此，在债券期限内，债权人可以按约定的条件分期、分次取得利息或者到期一次取得利息。二是债权人在期满之前将债券转让。在这种情况下，债权人有可能获得超过购入时债券价格的价差。

(5) 风险性。尽管债券的安全性比较高，但不是说投资债券就没有任何风险。债券的风险主要有两种：一是价格风险，价格风险包括违约风险和利率风险；二是便利性风险，这种风险无法用货币简单衡量，但它仍是一种成本，如赎回风险、再投资利率风险、市场风险。

(6) 债券持有者享有优先偿债权。债券的利息计入公司经营成本，并在税前进行支付，当公司破产清算时，债券持有者先于股票持有者享有对企业剩余资产的索取权。

(二) 债券的要素

债券具有以下基本要素：

(1) 债券的票面价值。债券要注明面值（整数），还要注明币种。

(2) 债务人与债权人。债务人筹措所需的资金，按法定程序发行债券，取得一定时期内资金的使用权及由此带来的利益，同时又承担着举债的风险和义务，要按期还本付息。债权人定期转让资金的使用权，有依法或按合同规定取得利息和到期收回本金的权利。

(3) 债券的价格。债券是一种可以买卖的有价证券，它是有价格的。从理论上说，债券的价格是由面值、收益和供求关系决定的。

(4) 还本期限。债券的特点是必须在期满时归还本金，因此债券应标明还本期限。

(5) 债券利率。债券是按照规定利率定期支付利息的。利率一般是根据政府的

相关法规确定，或根据资金市场的情况进行判定，必要时由债务人和债权人（或其代表）加以协商。

（6）其他要素。此外，债券还有提前赎回、税收待遇、延期、流通性等方面的规定。

第二节 债券理财产品分析

一、债券市场与交易

（一）债券市场

债券市场是发行和买卖债券的场所。债券市场是金融市场的一个重要组成部分，它具有融资功能、资金优化配置功能和宏观调控功能。根据不同的分类标准，债券市场可分为不同的类别，最常见的分类有以下几种：

（1）根据债券的发行过程和市场的基本功能划分，可将债券市场分为发行市场和流通市场。

1）债券发行市场。债券发行市场也称一级市场，是指发行单位初次出售新债券的市场。债券发行市场的作用是将政府、金融机构以及工商企业等为筹集资金而向社会发行的债券，分散发行到投资者手中。

2）债券流通市场。债券流通市场也称二级市场，是指已发行债券买卖转让的市场。债券一经认购，就确立了一定期限的债权债务关系，但通过债券流通市场，投资者可以转让债权，把债券变现。

债券发行市场和债券流通市场相辅相成，是互相依存的整体。债券发行市场是整个债券市场的源头，是债券流通市场的前提和基础。发达的债券流通市场是债券发行市场的重要支撑，是债券发行市场发展的必要条件。

（2）根据市场组织形式划分，债券流通市场可分为场内交易市场和场外交易市场。

1）场内交易市场是在证券交易所内买卖债券形成的市场。这种市场组织形式是债券流通市场较为规范的形式。交易所作为债券交易的组织者，本身不参加债券的买卖和价格的决定，只是为债券买卖双方创造条件、提供服务，并进行监管。

2）场外交易市场是在证券交易所以外进行证券交易的市场。柜台市场为场外交易市场的主体。许多证券经营机构都设有专门的证券柜台，通过柜台进行债券买卖。在柜台交易市场中，证券经营机构既是交易的组织者，又是交易的参与者。此外，场外交易市场还包括银行间交易市场以及一些机构投资者通过电话、电脑等通信手段形成的市场等。

(3) 根据债券发行地点划分，债券市场可分为国内债券市场和国际债券市场。国内债券市场的发行者和发行地点同属于一个国家，而国际债券市场的发行者和发行地点不属于同一个国家。

(二) 债券交易

在个人理财实务中，通常碰到的情况是债券交易所的债券交易和柜台交易。

(1) 债券现货交易。不同券种按不同账户进行申报。国债现货交易按证券账户进行申报，并实行净价交易；企业债券现货交易按席位进行申报，并实行全价交易。

交易所债券市场现货交易的申报要求是，债券现货交易集中竞价时，其申报应当符合下列要求：交易单位为手，人民币 1 000 元面值债券为一手；计价单位为每百元面值债券的价格；申报价格最小变动单位为 0.01 元；申报数量为一手或其整数倍，单笔申报最大数量应当不超过 1 万手；申报价格限制按交易规则的规定执行。

债券现货交易的开盘价与收盘价。债券现货交易的开盘价为当日该债券集合竞价中产生的价格；集合竞价不能产生开盘价的，连续竞价中的第一笔成交价为开盘价。债券现货交易的收盘价为当日该债券最后一笔成交前一分钟所有成交价的加权平均价（含最后一笔成交）；当日无成交的，以前一交易日的收盘价为当日收盘价。在债券现货交易中，当日买入的债券当日可以卖出。

(2) 债券回购交易。不同券种按不同账户进行申报：国债回购交易按证券账户进行申报；企业债券回购交易按席位进行申报。

1）债券回购双方的申报区分。在债券回购交易申报中，融资方按“买入”予以申报，持券方按“卖出”予以申报。

2）债券回购交易申报要求。债券回购交易集中竞价时，其申报应当符合下列要求：申报单位为手，1 000 元标准券为 1 手；计价单位为每百元资金到期年收益；

申报价格最小变动单位为0.005元；申报数量为100手或其整数倍，单笔申报价格限制按照交易规则的规定执行。

3）债券回购交易期限。债券回购交易期限按日历时间计算，若到期日为非交易日，顺延至下一个交易日。国债回购交易设1天、2天、3天、4天、7天、14天、28天、91天和182天等回购期限。企业债券回购交易设1天、3天和7天等回购期限。根据市场需要，交易所可调整债券回购期限和品种。

4）债券回购交易的有关制度规定。债券回购交易实行“一次成交，两次结算”制度，具体的清算与交收按照证券登记结算机构编制的规则办理。

5）计算交割金额及数量。在回购到期日，证券登记结算机构需要根据回购价公式计算应进行交割的资金和数量。回购价的计算公式为：

$$回购价=100元+年收益\times100元\times\frac{回购天数}{360}$$

计算结果按照四舍五入原则取至小数点后三位。

（3）债券的柜台交易。柜台交易的债券是一种集安全性、流动性和收益性为一体的投资品种，它采取电子记账的方式记录投资人的债权，可以记名、挂失，其安全性远高于无记名的债券和凭证式国债。进行柜台债券交易的投资者不仅能获得债券持有期间的利息，同时还能获得买卖的价差，收益性较好。此外，债券的柜台交易不收取买卖手续费，因而投资者的交易成本大为降低。

1）柜台交易的债券种类。可在商业银行柜台进行交易的债券是由财政部制定、经中国人民银行批准的记账式国债。每年的国债发行计划经全国人民代表大会批准后，即可安排部分国债在商业银行柜台发行并交易。有关债券品种、发行规模和发债时间等情况，中国人民银行和财政部将在有关媒体公布。

2）柜台交易的投资人。除金融机构外，凡持有效身份证件的个人以及企业或事业社团法人，均可在商业银行柜台开立国债托管账户并进行国债买卖。

3）柜台市场的中介服务机构。中央结算公司为一级托管人，负责为承办银行开立债券自营账户和代理总账户，与柜台投资者没有直接的权责关系。同时，中央结算公司为柜台投资人提供余额查询服务，这是保护投资者权益的重要途径。承办银行为债券二级托管人，日终需将余额变动数据传给中央结算公司。

4）银行受理柜台债券业务的时间。银行受理柜台债券业务的具体时间为每周一至周五的10：00～15：30，遇国家法定节假日或根据中国人民银行规定需要停止交易的，应提前两个工作日在银行柜台发布公告。

二、债券的价格与收益

（一）债券理财产品的价格

债券的价格主要有发行价格和交易价格。

（1）债券的发行价格。债券的发行价格是指在发行市场（一级市场）上，投资者在购买债券时实际支付的价格。目前，通常有三种不同情况：一是按面值发行和收回，其间按期支付利息；二是按面值发行，按本息相加额到期一次偿还，我国目前发行的债券大多是采用这种形式；三是以低于面值的价格发行，到期按面值偿还，面值与发行价之间的差额就是债券利息。

（2）债券的市场交易价格。债券发行后，一部分可流通债券在流通市场（二级市场）上按不同的价格进行交易。交易价格的高低取决于公众对该债券的评价、市场利率以及对通货膨胀的预期等。一般来说，债券价格与到期收益率成反比，也就是债券价格越高，到期收益率越低。

（二）债券理财产品的收益

债券的收益可以用债券收益率表示，债券收益率是债券投资者在债券上的收益与其投入的本金之比。

（1）票面利息率。票面利息率是固定利息收入与票面金额的比率，一般在债券票面上注明，这是投资于债券时最直观的收入指标。对于面值相同的债券，票面注明的利率高，利息收入自然就高，风险也比较小，反之亦然。但是，由于大多数债券都是可以转让的，其转让价格随行就市，所以投资者认购债券时实际支付的价款并不一定与面值相等。这样一来，用票面利息率衡量投资收益就不再具有实际意义。

（2）直接收益率。直接收益率也称现行收益率，是投资者实际支出的价款与实际利息之间的相互关系。其计算公式为：

$$直接收益率=\frac{票面面额\times票面利率}{实际购买债券价格}\times100\%$$

用直接收益率评估投资风险程度，比票面利息率指标显然是进了一步，但不够清晰和准确。它是一个动态指标，只反映认购债券时成本与收益的对比情况，不反映债券有效期内或债券到期时的实际收益水平。

（3）实际收益率。实际收益率也称到期收益率，是衡量投资者投资债券的实际全部收益的指标。实际收益率主要考虑两方面的收益，即债券的利息收益和债券买卖价格与债券面值的差额收益。其计算公式为：

$$实际收益率=\frac{利息收益+债券面值-买入价格}{债券面值}\times 100\%$$

对于分期偿还的债券，还需应用加权平均法计算出债券的平均期限，将实际收益率调整为平均期限收益率，计算中所用的权数是每期偿还本金额。

三、债券评级

进行债券信用评级最主要的原因是方便投资者进行债券投资决策。投资者购买债券是要承担一定风险的，如果发行者到期不能偿还本息，投资者就会蒙受损失。对广大投资者尤其是中小投资者来说，由于受到时间、知识和信息的限制，无法对众多债券进行分析和选择，因此需要专业机构对债券进行信用评级，以方便投资者决策。

进行债券信用评级的另一个重要原因是减少有信誉发行人的筹资成本。一般来说，资信等级越高的债券越容易得到投资者的信任，能够以较低的利率出售；而资信等级低的债券风险较大，只能以较高的利率发行。

一般评级机构会根据债券的投资价值和偿债能力等指标对债券进行信用评级。由于这些机构占有详尽的资料，采用先进科学的分析技术，又有丰富的实践经验和大量的专门人才，因此它们做出的信用评级具有很高的权威性。穆迪、标准普尔、惠誉和贝氏是美国四大私营证券评级机构，它们对各种债券进行的评级如表6—2所示。

表6—2　债券评级标准和划分依据

	穆迪	标准普尔	惠誉	贝氏	评级标准
投资等级	Aaa	AAA	AAA	A+	质量最高，风险最小。
	Aa	AA	AA	A	质量高，财务状况比上面略弱。
	A	A	A		财务能力较强，易受经济条件变化的影响。
	Baa	BBB	BBB	B+	中间等级，当期财务状况较好，缺乏优异的投资特征。
投机等级	Ba	BB	BB	B	具有投机特征，当期尚能支付利息，但未来不确定。
	B	B	B	C+	较高投机性，对本利的偿还不确定。
	Caa—	CCC	CCC	C—D+	高度投机，违约可能性很大。
	Ca	CC	DDD	D	已经违约。

第三节 债券投资选择

一、债券理财产品投资的策略选择

从总体上看，债券投资策略可以分为消极型投资策略和积极型投资策略两种，每位投资者都可以根据自己的资金来源和用途来选择适合自己的投资策略。具体说来，在决定投资策略时，投资者应考虑自身的整体资产与负债状况以及未来现金流的状况，以便达到收益性、安全性与流动性的最佳结合。一般来说，投资者应在投资前认清自己是积极型投资者还是消极型投资者。积极型投资者愿意花费时间和精力管理他们的投资，所以他们的投资收益率通常较高。消极型投资者只愿花费很少的时间和精力管理他们的投资，他们的投资收益率通常较低。需要明确的是，决定投资者类型的关键并不是投资金额的大小，而是他们愿意花费多少时间和精力来管理自己的投资。大多数投资者都是消极型投资者，因为他们都缺少时间和必要的投资知识。

消极型投资策略是一种不依赖于市场变化而保持固定收益的投资方法，其目的在于获得稳定的债券利息收入和到期安全收回本金。因此，消极型投资策略常被称为保守型投资策略。

下面是几种债券理财产品的常用投资策略。

（一）购买持有法——最简单的债券投资方法

（1）购买持有法的操作步骤。购买持有法是最简单的债券投资策略，其步骤是：在对债券市场上所有的债券进行分析之后，根据自己的爱好和需要，买进能够满足自己要求的债券，并一直持有至到期兑付日。在持有期间，投资者并不进行任何买卖活动。

（2）购买持有法的优势。这种投资策略虽然十分粗略，但有其自身的好处：第一，这种投资策略所带来的收益是固定的，在投资决策的时候就完全知道，不受市场行情变化的影响。使用这种方法可以完全规避价格风险，保证获得一定的收益率。第二，如果持有的债券收益率较高，同时市场利率没有很大的变动或者逐渐降低，则这种投资策略也可以取得令人满意的投资效果。第三，这种投资策略的交易成本很低。由于中间没有任何买进卖出行为，因而手续费很低，从而有利于提高收益率。因此，这种购买持有法适用于市场规模较小、流动性比较差的国债，并且适于不熟悉市场或者不善于使用各种投资技巧的投资者。

（3）运用购买持有法应注意的问题。在具体实施这种投资策略时，投资者应注意以下两个方面：首先，根据投资者资金的使用状况来选择适当期限的债券。在一般情况下，期限越长的债券，其收益率往往越高。但是，期限越长，对投资资金锁定的要求也就越高，因此最好是根据投资者可投资资金的年限来选择债券，使国债的到期日与投资者需要资金的日期相近。其次，投资者投资债券的金额必须由可投资资金的数量来决定。一般来说，在购买持有策略下，投资者不应该利用借入资金来购买债券，也不应该保留剩余资金，而是最好将所有准备投资的资金投资于债券，这样就能保证获得最大数额的固定收益。

（4）购买持有法的缺陷。但是，购买持有法也有不足之处。首先，这是一种比较消极的投资策略。在投资者购进债券后，他可以毫不关心市场行情的变化，因而往往会丧失提高收益率的机会。其次，虽然投资者可以获得固定的收益率，但这种被锁定的收益率只是名义上的。如果发生通货膨胀，那么投资者的实际投资收益率就会发生变化，从而使这种投资策略的价值大大下降。特别是在通货膨胀比较严重的时候，这种投资策略可能会带来比较大的损失。最后，最常见的情况是，由于市场利率的上升，使得购买持有这种投资策略的收益率相对较低。由于不能及时卖出低收益率的债券，转而购买高收益率的债券，因此在市场利率上升时，这种投资策略会带来损失。但是，无论如何，投资者也能得到原先约定的收益率。

（二）梯形投资法

（1）梯形投资法的界定。梯形投资法也称等期投资法，是指每隔一段时间就在国债发行市场上认购一批相同期限的债券，接连不断。这样，投资者在以后的每段时间都可以稳定地获得一笔本息收入。

（2）梯形投资法的优点。该方法的优势在于，采用这种投资方法的投资者能够在每年中得到本金和利息，因而不至于产生很大的流动性问题，不至于急着卖出尚未到期的债券，从而无法获得约定的收益。同时，在市场利率发生变化时，梯形投资法下投资组合的市场价值不会发生很大的变化，因此国债组合的投资收益率也不会发生很大的变化。此外，这种投资方法每年只进行一次交易，因而交易成本比较低。

（三）三角投资法

（1）三角投资法的界定。所谓三角投资法就是利用国债投资期限不同，所获本息和不同的原理，使得在连续时段内进行的投资具有相同的到期时间，从而保证在到期时获得预定的本息和。这个本息和可能已被投资者计划用于某种特定的消费。三角投资法和梯形投资法的区别在于，虽然投资者都是在连续时期（年份）内进行投资，但这些在不同时期投资的债券到期期限是相同的，而不是债券的期限相同。

（2）三角投资法的例证。例如，张三决定在 2012 年进行一次国际旅游，所以他决定投资国债以便能够确保在 2011 年得到所需资金。因此，他可以在 2006 年投资当年发行的 5 年期债券，在 2008 年购买当年发行的 3 年期债券，在 2009 年购买当年发行的 2 年期债券。这些债券在到期时都能收到预定的本息和，并且都在 2011 年到期，从而能保证张三有足够的资金来实现 2012 年国际旅游之梦。

（3）三角投资法的特点。这种投资方法的特点是，在不同时期进行的国债投资期限是递减的，因此称为三角投资法。它的优点是既能获得固定的收益，又能保证到期得到预期的资金用于特定的目的。

（四）利率预测法

（1）利率预测法的界定。所谓利率预测法是指投资者通过主动预测市场利率的变化，采用抛售一种国债并购买另一种国债的方式来获得差价收益的投资方法。这种投资策略着眼于债券市场价格变化所带来的资本损益，其关键在于能够准确预测市场利率的变化方向及幅度，从而准确预测出债券价格的变化方向和幅度，并充分利用市场价格变化来取得差价收益。因此，这种积极型投资策略一般也称为利率预测法。这种方法要求投资者具有丰富的国债投资知识及市场操作经验，并且要支付相对较多的交易成本。投资者追求高收益率的强烈欲望导致了利率预测法受到众多投资者的欢迎，同时，市场利率的频繁变动也为利率预测法提供了实践机会。

（2）利率预测法的操作步骤。利率预测法的具体操作步骤是：投资者通过对利率的研究获得未来一段时期内利率变化的预期，然后利用这种预期来调整所持的债券。当利率按其预期变动时，投资者能够获得高于市场平均的收益率。因此，正确预测利率变化的方向及幅度是利率预测法的前提，而有效地调整所持有的债券就是利率预测法的主要手段。

1）利率预测及其方法。由前面的分析可知，利率预测已成为积极型投资策略的核心，但利率预测是一项非常复杂的工作。利率作为宏观经济运行中的一个重要变量，其变化受到多方面因素的影响，并且这些影响因素对利率作用的方向、大小都难以判断。

从宏观经济的角度看，利率反映了市场资金供求关系的变动状况。在经济发展的不同阶段，市场利率有不同的表现。在经济持续繁荣增长时期，资金供不应求的状况会导致利率上升；相反，在经济萧条、市场疲软时期，利率会随资金需求的减少而下降。利率除了受到整体经济状况的影响之外，还受到以下几个方面的影响：

第一，通货膨胀率。通货膨胀率是衡量一般价格水平上升的指标。一般来说，在发生通货膨胀时，市场利率会上升，以抵消通货膨胀造成的资金贬值，保证投资的真实收益率水平。借款人也会预期到通货膨胀会导致其实际支付利息的下降，因此他愿意支付较高的名义利率，从而导致市场利率水平的上升。

第二，货币政策。货币政策的松紧程度将直接影响市场资金的供求状况，从而影响市场利率的变化。一般来说，宽松的货币政策（如增强货币供应量、放松信贷控制等）将使市场资金的供求关系变得宽松，从而导致市场利率下降；相反，较紧的货币政策（如减少货币供应量、加强信贷控制等）将使市场资金的供求关系变得紧张，从而导致市场利率上升。

第三，汇率变化。在开放的市场条件下，本国货币汇率上升会引起国外资金的流入和对本币需求的上升，短期内会引起本国利率的上升；相反，本国货币汇率下降会引起外资流出和对本币需求的减少，短期内会引起本国利率下降。

我国的利率体系受到经济发展水平的影响，呈现一种多利率并存的格局，各资金市场是分割的，资金在市场间的流动受到较大的限制。目前，我国主要有以下两种利率：一是官方利率。这是由中国人民银行确定的不同期限或不同类别的存贷款利率，即管制利率。这是我国金融市场上的主导利率，对整个金融市场（包括债券市场）都有较大的影响。二是场外无组织的资金拆借利率。由于某些金融机构和工商企业缺乏正常的融资渠道，尤其是非国有企业在信贷上受到限制，使得它们只能通过私下的资金拆借来融资。由于这些拆借主体的资金来源和资金获得条件不尽相同，因而利率十分混乱。当然，在对非国有经济的政策支持和对私下融资的限制、打击下，这种状况会逐渐改善。

在考虑影响国债价格的利率时，应注重分析官方利率和国债回购、同业拆借市场利率。其中，官方利率的变动次数虽然较少，但由于每次变动的幅度都较大，加上它在整个金融市场上的地位，因而对债券价格的影响是很大的，并且会持续很长的时间。国债回购、同业拆借市场利率在每个交易日都在变动，且变动幅度比较小，因而对于债券价格的影响时间不长，程度也不大。

2）债券调整策略。市场利率将直接决定债券的投资收益率，债券投资的收益率应该与市场利率密切相关：在市场利率上升时，债券投资的要求收益率也会相应上升；在市场利率下降时，债券的要求收益率也会相应下降。一般来说，在计算债券价格时，我们可以用市场利率作为贴现率，对债券的未来现金流进行贴现。因此，我们可以对市场利率变化和债券价格变化之间的关系做出准确判断，从而据此来调整持有的债券。调整组合的目的是，在对既定的利率变化方向及其幅度做出预期后，使持有债券的收益率最大化。第一，市场利率与债券的市场价格呈反向变动关系。因此，在市场利率上升时，债券的市场价格会下降，而在市场利率下降时，债券的市场价格会上升。所以，前者的正确调整策略是卖出所持的债券，而后者的正确调整策略是买入债券。第二，债券的期限与债券价格变化之间的关系是有规律可循的。无论债券的票面利率差别有多大，在市场利率变化相同的情况下，期限越长的债券，其价格变化幅度越大。因此，在预测市场利率下降时，应尽量持有能使价格上升幅度最大的债券，即期限比较长的债券。也就是说，在预测市场利率将下跌时，应尽量把期限较短的债券转换成期限较长的债券，因为在利率下降相同幅度的情况下，这些债券的价格上升幅度较大。相反，在预测市场利率上升时，投资者应持有期限较短的债券，因为在利率上升相同幅度的情况下，这些债券的价格下降幅度较小，因而风险较小。第三，债券的票面利率与债券的价格变化之间也是有规律可循的。在市场利率变化幅度相同的情况下，息票利率较低的债券所发生的价格变化幅度（价格变化百分比）较大，因此在预测利率下跌时，在债券期限相同的情况下，应尽量持有票面利率低的债券，因为这些债券的价格上升幅度（百分比）会比较大。

据此，我们可以得到有关债券调整策略的总原则：在判断市场利率将下跌时，应尽量持有能使价格上升幅度最大的债券，即期限比较长、票面利率比较低的债券，因为在利率下降相同幅度的情况下，这些债券的价格上升幅度较大；反之，若预测市场利率将上升，则应转投高息票利率、短期限的债券，因为这些债券的利息收入高、期限短，因而能够很快地变现，并且这些债券的价格下降幅度也相对较小。

（3）采用利率预测法应注意的问题。需要指出的是，利率预测法作为一种积极的国债投资方法，虽然能够获得比较高的收益率，但这种投资方法具有很大的风险，一旦利率向相反的方向变动，投资者就可能遭受比较大的损失。因此，只有那些熟悉市场行情、具有丰富操作经验的人才适用利率预测法，初学的投资者不适宜采用此种投资方法。

（五）等级投资计划法

这是债券投资法中较为简单的一种，它是由股票投资技巧转换得来。该方法是投资者事先按照一个固定的计算方法和公式计算出买入和卖出国债的价位，然后根据计算结果进行操作。其操作要领是“低进高出”，即在低价时买进、高价时卖出，只要国债价格处于不断波动中，投资者就必须严格按照事先拟订好的计划来进行国债买卖，而是否买卖国债则取决于国债市场的价格水平。具体说来，当投资者选定一种国债作为投资对象后，就要确定国债变动的一定幅度作为等级，这个幅度可以是一个确定的百分比，也可以是一个确定的常数。每当国债价格下降一个等级时，就买入一定数量的国债；每当国债价格上升一个等级时，就卖出一定数量的国债。

（六）逐次等额买进摊平法

如果投资者对某种国债投资时，该国债价格具有较大的波动性，并且无法准确地预期其波动的各个转折点，则投资者可以运用逐次等额买进摊平法。逐次等额买进摊平法就是在确定投资于某种国债后，选择一个合适的投资时期，并在该时期中定量定期地购买国债，而不论该国债价格在这一时期如何波动都持续购买，这样可以使投资者的平均成本低于平均价格。在运用这种操作法进行每次投资时，要严格控制所投入资金的数量，保证投资计划逐次等额进行。

（七）金字塔式操作法

金字塔式操作法实际是一种倍数买进摊平法。当投资者第一次买进国债后，若发现价格下跌可加倍买进，在国债价格下跌的过程中，每一次购买的数量比前一次增加一定比例，这样就成倍地加大了低价购入的国债占购入国债总数的比重，降低了平均总成本。由于这种买入方法呈正三角形趋势，形如金字塔形，所以称为金字塔式操作法。

在国债价格上升时，运用金字塔式操作法买进国债，则每次应逐渐减少买进的数量，以保证最初按较低价买入的国债在购入国债总数中占有较大比重。

同样，国债的卖出也可采用金字塔式操作法。在国债价格上涨后，每次加倍抛出手中的国债，随着国债价格上升，加大卖出的国债数额，以保证高价卖出的国债在卖出国债总额中占较大比重，从而获得较大的盈利。运用金字塔式操作法买入国债，必须对资金做好安排，以避免最初投入的资金过多，使以后的投资无法加倍摊平。

思考与练习

一、单项选择题

1. 银行及其分支机构或非银行金融机构依照法定程序发行的债券是（　　）。

A. 政府债券　　B. 金融债券

C. 企业债券　　D. 国际债券

2. 为了给地方政府所属企业或某个特定项目融资而发行的债券是（　　）。

A. 一般责任债券　　B. 收益债券

C. 金融债券　　D. 国债

3. 某国借款人在本国以外的某一国家发行的以该国货币为计价货币的债券是（　　）。

A. 美国债券　　B. 外国债券

C. 欧洲债券　　D. 武士债券

4. 通过竞价交易买入债券以（　　）张或其整数倍进行申报。

A. 100　　B. 50

C. 20　　D. 10

5. 债券交易的佣金费用通常是成交金额的（　　）%。

A. 1　　B. 2

C. 3　　D. 5

6. 目前，沪深证券交易所规定债券为（　　）。

A. 当日交割　　B. 普通日交割

C. 约定日交割　　D. 第二日交割

7. 债券的清算按照（　　）原则办理债券和价款的交割。

A. 净额交收　　B. 全额交收

C. 平价交收　　　　D. 实地交收

8. 债券的全价交易是指债券价格中把应计利息包含在债券报价中的债券交易，其中应计利息是指从（　　）到购买日债券滋生的利息。

A. 上次付息日　　　　B. 发行日

C. 上市日　　　　D. 交易日

二、多项选择题

1. 债券与股票的相同点有（　　）。

A. 都是有价证券　　　　B. 都是虚拟资本

C. 都是筹资手段　　　　D. 发行主体不同

2. 债券的交易程序有（　　）。

A. 开户　　　　B. 委托

C. 成交　　　　D. 清算和交割

3. 关于债券买卖中的价格，说法正确的是（　　）。

A. 报价采用净价　　　　B. 实际买卖价格为全价

C. 结算交割价格为全价　　　　D. 结算交割价格为净价

4. 我国债券流通市场由（　　）组成。

A. 沪深证券交易所市场　　　　B. 期货市场

C. 银行间交易市场　　　　D. 柜台交易市场

5. 按照发行主体分类，债券可分为（　　）。

A. 政府债券　　　　B. 金融债券

C. 企业债券　　　　D. 国际债券

6. 债券的基本要素有（　　）。

A. 票面价值　　　　B. 债券价格

C. 偿还期限　　　　D. 票面利率

三、判断题

1. 债券收益率是债券投资者在债券上的收益与其投入的本金之比。　　（　　）

2. 债券的发行价格是指在发行市场（一级市场）上，投资者在购买债券时支

付的理论价格。（　）

3. 债券的投资风险较低，是一种较为保守的个人证券理财产品。（　）

4. 债券现货交易的开盘价为前一日该债券集合竞价中产生的价格。（　）

5. 与政府债券和金融债券相比，公司债券的风险程度较高，但收益率也较高。（　）

第七章 基金理财

【学习指导】

通过本章的学习，学生应理解基金投资的基本理论、基本原理，了解基金的种类、特点、证券投资基金的管理和运作，掌握基金、基金公司以及基金投资组合的选择与判断要点。

第一节　基金的种类

一、基金的相关概念

（一）基金

从资金关系来看，基金是指专门用于某种特定目的并进行独立核算的资金。其中，既包括各国共有的养老保险基金、退休基金、救济基金、教育奖励基金等，也包括中国特有的财政专项基金、职工集体福利基金、能源交通重点建设基金、预算调节基金等。

从组织性质上讲，基金是指管理和运作专门用于某种特定目的并进行独立核算的资金的机构或组织。这种基金组织可以是非法人机构（如财政专项基金、高校的教育奖励基金、保险基金等），可以是事业性法人机构（如中国的宋庆龄儿童基金会、孙冶方经济学奖励基金会、茅盾文学奖励基金会，美国的福特基金会、霍布赖特基金会等），也可以是公司类型的法人机构。

（二）投资基金

投资基金是指按照共同投资、共享收益、共担风险的基本原则和股份有限公司的某些原则，运用现代信托关系的机制，以基金方式将各个投资者彼此分散的资金集中起来以实现预期投资目的的投资组织制度。

（三）证券投资基金

证券投资基金是一种利益共享、风险共担的集合证券投资方式，即通过发行基金单位，集中投资者的资金，由基金托管人托管，由基金管理人管理和运用资金，从事股票、债券、外汇、货币等金融工具投资，以获得投资收益和资本增值。投资基金在不同国家或地区的称谓有所不同，美国将其称为“共同基金”，英国和中国香港将其称为“单位信托基金”，日本和中国台湾将其称为“证券投资信托基金”。

二、基金当事人

（一）基金管理人

基金管理人是指具有专业的投资知识与经验，根据法律法规及基金章程或基金契约的规定，经营管理基金资产，谋求基金资产的不断增值，以使基金持有人收益最大化的机构。在我国，按照《证券基金投资管理暂行办法》（以下简称《暂行办法》）的规定，基金管理人由基金管理公司担任。基金管理公司通常由证券公司、信托投资公司发起成立，具有独立的法人地位。

（二）基金托管人

基金托管人是投资人权益的代表，是基金资产的名义持有人或管理机构。为了保证基金资产的安全，基金应按照资产管理和保管分开的原则进行运作，并由专门的基金托管人保管基金资产。在我国，根据《暂行办法》的规定，目前只有中国工商银行、中国农业银行、中国银行、中国建设银行、交通银行五家商业银行符合托管人的资格条件。基金托管人是依据基金运行中“管理与保管分开”的原则对基金管理人进行监督和对基金资产进行保管的机构。基金托管人与基金管理人签订托管协议，在托管协议规定的范围内履行自己的职责并收取一定的报酬。

（1）基金托管人的资格。《暂行办法》规定，经批准设立的基金应委托商业银行作为基金托管人，主要条件如下：①设有专门的基金托管部；②实收资本不少于80亿元；③有足够的熟悉托管业务的专职人员；④具备安全保管基金全部资产的条件；⑤具备安全、高效的清算、交割能力。

（2）基金托管人的主要职责有：①安全保管基金的全部资产；②执行基金管理人的投资指令，并负责办理基金名下的资金往来；③监督基金管理人的投资运作，发现基金管理人的投资指令违法违规的，不予执行，并向中国证监会报告；④复核、审查基金管理人计算的基金资产净值及基金价格；⑤保存基金的会计账册、记录15年以上；⑥出具基金业绩报告，提供基金托管情况，并向中国证监会和中国人民银行报告；⑦基金章程或基金契约、托管协议规定的其他职责。

（三）基金份额持有人

基金份额持有人就是基金投资者，也是基金的出资人、基金资产的所有者和基金投资回报的受益人。《中华人民共和国证券投资基金法》规定，基金份额持有人享有下列权利：分享基金财产收益；参与分配清算后的剩余基金财产；依法转让或者申请赎回其持有的基金份额；按照规定要求召开基金份额持有人大会；对基金份额持有人大会审议事项行使表决权；查阅或者复制公开披露的基金信息资料；对基金管理人、基金托管人、基金份额发售机构损害其合法权益的行为依法提起诉讼；基金合同约定的其他权利。

基金份额持有人必须承担一定的义务，主要包括：遵守基金契约；缴纳基金认购款项及规定的费用；承担基金亏损或终止的有限责任；不从事任何有损基金及其他基金投资人合法权益的活动；在封闭式基金存续期间，不得要求赎回基金份额；

在封闭式基金存续期间，交易行为和信息披露必须遵守法律法规的有关规定；法律法规及基金契约规定的其他义务。

三、基金的种类

（一）按基金单位能否赎回分类

（1）开放式基金。开放式基金是指基金发行总额不固定，基金单位总数随时增减，投资者可以按基金的报价在国家规定的营业场所申购或者赎回基金单位的一种基金。

（2）封闭式基金。封闭式基金是指基金发起人在设立基金时限定了基金单位的发行总额，在筹足总额后，基金宣告成立并进行封闭，并在一定时期内不再接受新的投资。基金单位的流通采取在证券交易所上市的办法，投资者日后买卖基金单位都必须通过证券经纪商在二级市场上进行竞价交易。封闭式基金属于信托基金，是指基金规模在发行前已确定，在发行完毕后的规定期限内固定不变并在证券市场上进行交易。

（3）开放式基金与封闭式基金的比较。开放式基金与封闭式基金的区别，如表7—1所示。

表7—1　　开放式基金与封闭式基金的比较

项目	开放式基金	封闭式基金
基金份额数量	随时变化	不变
交易渠道	基金管理公司或代销机构网点（主要指银行、券商的网点）	二级市场买卖
流动性	交易日可赎回，通常T+5到账	交易日随时卖出
激励约束	持有人通过申请、赎回激励约束管理人	激励约束关系很弱
信息披露	每日公布一次净值	每周至少公布一次净值
折价	按净值交易，无折价损失	交易价格主要由市场供求关系决定，有折价，有时很高
存续期	一般无规定	由《基金合同》规定，一般10～15年
费用	收取申请和赎回费	交易手续费
投资策略	必须保留一部分现金或流动性强的资产，以便应付投资者随时赎回，进行长期投资会受到一定限制。随时面临赎回压力，需要注重流动性等风险管理，要求基金管理人具有高超的投资管理水平	封闭基金不可赎回，无须提取准备金，能够充分运用资金进行长期投资，以取得长期经营绩效
最小投资额	通常不低于1 000元	1手（100份）

（二）按基金组织形式分类

（1）契约型基金。契约型基金也称单位信托基金，是指基金投资者、基金管理人、基金托管人作为基金的当事人，通过签订基金契约的形式发行受益凭证而设立的一种基金。它是基于契约原理而组织起来的代理投资行为，没有基金章程，也没有公司董事会，而是通过基金契约来规范三方当事人的行为。基金管理人负责基金的管理操作。基金托管人作为基金资产的名义持有人，负责基金资产的保管和处置，对基金管理人的运作进行监督。

（2）公司型基金。公司型基金也称共同基金，是指基金本身为一家股份有限公司，公司通过发行股票或受益凭证的方式来筹集资金，然后再由公司委托一家投资顾问公司进行投资。

（三）按投资目标分类

（1）成长型基金。成长型基金追求基金资产的长期增值。为了达到这一目标，基金管理人通常将基金资产投资于信誉度较高、有长期成长前景或长期盈余的所谓成长性公司的股票。成长型基金又可分为稳健成长型基金和积极成长型基金。

（2）收入型基金。收入型基金主要投资于可带来现金收入的有价证券，以获取当期的最大收入为目的。收入型基金的资产成长潜力较小，损失本金的风险相对也较低，一般可分为固定收入型基金和股票收入型基金。固定收入型基金的主要投资对象是债券和优先股，因而尽管收益率较高，但长期成长的潜力很小，而且当市场利率波动时，基金净值容易受到影响。股票收入型基金的成长潜力比较大，但易受股市波动的影响。

（3）平衡型基金。平衡型基金将资产分别投资于两种不同特性的证券上，并在以取得收入为目的的债券及优先股和以资本增值为目的的普通股之间进行平衡。这种基金一般将25％～50％的资产投资于债券及优先股，其余的资产投资于普通股。平衡型基金的主要目的是从投资组合的债券中得到适当的利息收益，同时可以获得普通股的升值收益。投资者既可获得当期收入，又可得到资金的长期增值。平衡型基金的特点是风险比较低，缺点是成长的潜力不大。

（四）按募集方式分类

(1) 公募基金。公募基金是指受到我国政府主管部门监管的、向不特定投资者公开发行受益凭证的证券投资基金。例如，目前国内证券市场上的封闭式基金就属于公募基金。

(2) 私募基金。私募基金是指通过非公开方式，面向少数投资者募集资金而设立的基金，是相对于向社会公众投资者公开发行的基金而言的。

（五）按投资对象分类

(1) 股票型基金。股票型基金是指主要投资于股票市场的基金，这是一个相对的概念，并不是要求所有的资金买股票，也可以有少量资金投入债券或其他的证券。我国法规规定，基金资产中不少于20%的资金必须投资国债。一个基金是不是股票型基金，往往要根据基金契约中规定的投资目标、投资范围去判断。国内所有上市交易的封闭式基金及大部分的开放式基金都是股票型基金。

(2) 混合型基金。混合型基金是指投资于股票、债券以及货币市场工具的基金，并且不符合股票型基金和债券型基金的分类标准。根据对股票、债券的投资比例以及投资策略的不同，混合型基金又可分为偏股型基金、偏债型基金、配置型基金等多种类型。

(3) 债券型基金。债券型基金是指专门投资于债券的基金，它通过集中众多投资者的资金，对债券进行组合投资，寻求较为稳定的收益。

在国内，债券型基金的投资对象主要是国债、金融债和企业债。通常说来，债券为投资人提供固定的回报和到期还本，风险低于股票，所以与股票型基金相比，债券型基金具有收益稳定、风险较低的特点。

(4) 货币市场基金。货币市场基金是以货币市场和债券市场等市场中风险较低的证券品种为投资对象的基金，包括短期国债、商业票据、银行承兑汇票、银行大额可转让存单、国债回购、银行固定收益组合理财产品等都是货币市场基金潜在的投资目标。货币市场基金存在的基础是将分散的资金集中起来投资于上述短期证券，使得普通投资者可以有机会间接进入货币市场，并分享在相对安全条件下高于银行储蓄的收益回报。

货币市场基金的特色是安全性好、流动性高，原因是其投资的货币市场证券品种大多数风险较低，易于变现，加上基金经理的专业管理、金融避险工具的合理运用以及基金公司严格的风险控制，使得货币市场基金有着与银行储蓄相媲美的安全性，享有“准储蓄”的美誉。货币市场基金往往被投资人作为银行存款的良好替代物和现金管理的工具，倘若我们没有满意的投资计划，手上又有大量现金，此时投资货币市场基金是一项较好的选择，使我们在享有安全性和流动性的保障下，可以获得高于银行活期存款的回报。

四、基金收益分配

（一）基金收益

基金收益是指基金资产在运作过程中所产生的超过自身价值的部分。具体说来，基金收益包括基金投资所得红利、股息、债券利息、买卖证券价差、存款利息和其他收入。

（二）基金净收益

基金净收益是指基金收益减去按照国家有关规定可扣除费用后的余额。

（三）权益登记日

权益登记日是基金管理人进行红利分配时，需要设定某一天，并将其作为界定哪些基金持有人可以参加分红的日期，定出的这一天就是权益登记日。也就是说，在权益登记日当天仍持有或申购该基金并得到确认的投资者均可享受此次分红。

（四）除息日

除息日是权益登记日（T 日）后的第一个工作日，即 T+1 日。

（五）红利再投资

红利再投资是指将投资者分得的收益再投资于基金，并折算成相应数量的基金单位，实际上是将应分配的收益折为等额的新基金单位送给投资者。

第二节　基金分析

一、基金的特点分析

与股票、债券、定期存款、外汇等投资工具一样，基金也为投资者提供了一种投资渠道。与其他的投资工具相比，基金具有以下特点：

（一）集合理财，专业管理

基金将众多投资者的资金集中起来，委托基金管理人进行共同投资，表现出一种集合理财的特点。通过汇集众多投资者的资金，积少成多，有利于发挥资金的规模优势，降低投资成本。基金由基金管理人进行投资管理和运作。基金管理人一般拥有大量专业的投资研究人员和强大的信息网络，能够更好地对证券市场进行全方位的动态跟踪与分析。将资金交给基金管理人管理，使中小投资者也能享受到专业化的投资管理服务。

（二）组合投资，分散风险

为了降低投资风险，《中华人民共和国证券投资基金法》规定，基金必须以组合投资的方式进行基金的投资运作，从而使“组合投资、分散风险”成为基金的一大特色。“组合投资、分散风险”的科学性已被现代投资学所证明，中小投资者由于资金量小，一般无法通过购买不同的股票分散投资风险。基金通常会购买几十种甚至上百种股票，投资者购买基金就相当于用很少的资金购买了一篮子股票，某些股票下跌造成的损失可以用其他股票上涨的盈利来弥补，因此可以充分享受到组合投资、分散风险的好处。

（三）利益共享，风险共担

基金投资者是基金的所有者，基金投资者共担风险、共享收益。基金投资收益

在扣除由基金承担的费用后，盈余全部归基金投资者所有，并依据各投资者所持有的基金份额比例进行分配。为基金提供服务的基金托管人、基金管理人只能按规定收取一定的托管费、管理费，并不参与基金收益的分配。

（四）严格监管，信息透明

为切实保护投资者的利益，增强投资者对基金投资的信心，中国证监会对基金业实行比较严格的监管，对各种有损投资者利益的行为进行严厉打击，并强制基金进行较为充分的信息披露。在这种情况下，严格监管与信息透明就成为基金的一个显著特点

（五）独立托管，保障安全

基金管理人负责基金的投资操作，本身并不经手基金财产的保管。基金财产的保管由独立于基金管理人的基金托管人负责，这种相互制约、相互监督的制衡机制为投资者的利益提供了重要的保护。

二、基金的风险分析

基金集中了众人的资金，然后主要投资于股票、债券、货币市场工具等金融产品。由于金融产品的价格是有波动的，尽管基金的投资一般都会采取分散化组合投资方式，但这种基本价格的波动所导致的基金整体资产价值的波动无法完全消除，所以购买了基金并不意味着基金的收益是确定的，也就是会有一定的风险。基金主要包括以下两种风险：

（1）价格波动风险。由于投资标的的价格会有波动，因而基金的净值也会产生波动。封闭式基金的价格与基金净值之间是相关的，一般是同方向变动的，如果基金净值严重下跌，一般封闭式基金的价格也会下跌。开放式基金的价格就是基金份额净值，开放式基金的申购和赎回价格会随净值的下跌而下跌，所以基金购买者会面临基金价格变动的风险。如果基金价格下降到买入成本之下，在不考虑分红因素影响的情况下，持有该基金份额的人就会亏损。

（2）流动性风险。对于封闭式基金的购买者来说，在卖出基金时，可能会面临在一定的价格下卖不出去或要降价卖出的风险。另外，对于开放式基金的持有人来说，如果遇到巨额赎回，基金管理人可能会延迟支付赎回款项，从而影响到持有人

的资金安排。

总的来说，购买基金的风险比直接购买股票的风险要小，主要是由于基金是分散投资，不会出现受单只股票价格巨幅波动而遭受很大损失的情况。基金的波动情况与整个市场的波动情况基本接近，对于普通投资者来说，投资基金能够比较好地回避个股风险，并取得市场平均收益。

三、影响基金价格变动的因素分析

（一）影响封闭式基金价格变动的因素

封闭式基金上市后，其交易价格主要受下列因素的影响：

（1）基金单位的资产净值。这是基金交易价格的价值基础，基金的交易价格是以基金单位的资产净值为中心上下波动。

（2）基金的供求关系。因为封闭式基金的发行单位有限，投资者对基金单位的需求有可能超过或者低于市场的供应量，由此会导致基金交易价格的溢价或者折价。

（3）市场的异常因素。如果投资者对基金有不正确的认识或人为的炒作，都有可能造成基金价格的上下波动。

（二）影响开放式基金价格变动的因素

开放式基金是不能上市交易的，不受供需影响，没有价格，只有净值，净值只跟基金的净资产相关。

第三节　基金投资的选择及误区防范

基金投资并不是一件简单的事情。对初入基市的投资者来说，首先面临的就是基金产品的选择问题，比如要考虑自身的收入水平、资金实力、风险承受能力、个人投资偏好等；然后，还得看基金管理公司和基金经理的情况、基金过往业绩和风险、费用的高低等。

一、基金的选择

首先，选择符合自己投资目标的基金类型。对于不同类型的基金，其投资范围、风险状况和预期收益水平都是不一样的。投资者可以根据资金的投资目标（主要是在风险和收益之间的权衡）来选择基金类型。如果是希望追求长期稳定的回报，那么不妨选择风险较低、收益稳定的平衡型基金；如果投资者对风险的承受能力较高，希望获得较高的短期（这里的短期是指一年以上、五年以内）收益，那么可以选择成长型基金。

其次，在该类型内挑选收益率靠前的基金。选定基金类型后，可以根据有关的资料报道（如《中国证券报》、各基金管理公司网站等）获得这些基金表现的排名。在同类型的基金里，一般选择表现排名靠前的公司。

再次，注意挑选基金经理。基金是由人来运作的，表现良好的基金反映的是基金经理高超的投资水平。因此，投资者在选择基金时还要注意基金经理的背景，如该基金经理的从业经验、过去的管理业绩、管理本基金的时间长短等。如果某基金过去的表现良好，但基金经理不久前有了变动，那么投资者一定要重新审查新基金经理的背景；反之，如果一只基金过去的表现不好，但刚刚更换了一个具有良好业绩的新基金经理，这只基金很可能在今后会有良好的业绩表现，投资者也不能忽视这只基金。

最后，注意选择优秀的基金管理公司。优秀的基金管理公司不仅所管理的基金业绩较好，而且可以给投资者更多更好的服务。由于好的基金公司相对而言利润更高，因此可以用更优厚的待遇吸引优秀的人才，提高公司的内部管理水平。如果投资者希望与基金管理公司保持关系，那么就可以在选择基金的同时考虑该基金管理公司的情况。

二、基金公司的选择

基金管理公司的管理规范与否、管理水平的高低直接关系到基金持有人委托管理的资产能否保值增值，因此，选择合适的基金管理公司是投资者在投资基金时应当首先考虑的问题。

1. 规范的管理和运作是基金管理公司必须具备的基本要素

规范的管理和运作是基金资产安全的基本保证。判断一家基金管理公司的管理运作是否规范，可以参考以下几方面的因素：一是基金管理公司的治理结构是否规范合理，包括股权结构的分散程度、独立董事的设立及其地位等；二是基金管理公司对旗下基金的管理、运作及相关信息的披露是否全面、准确、及时；三是基金管理公司有无明显的违法违规现象。

2. 基金管理公司历年来的经营业绩是投资者重要的参考因素

基金管理公司管理水平的高低可以通过旗下基金的净值增长和历年分红情况体现出来。由于各基金的设立时间不同，其累计净值增长难免会有所差异，投资者可以以特定时段内基金的净值增长情况作为评判依据。例如，2008 年大盘深幅下挫阶段，绝大多数基金的净值跌幅明显小于大盘，但各基金管理公司旗下基金的净值表现差异较大，博时、华夏、长盛、富国和鹏华五家基金管理公司旗下基金的表现明显优于其他基金管理公司的平均水平。个别基金管理公司由于旗下基金频踩“地雷”，导致业绩比其他公司逊色。另外，就各基金管理公司的分红情况来看，一般基金设立当年的分红大多不理想，但如果市况较好，绝大多数基金年终都能给投资者较为丰厚的回报，如 2007 年的大牛市，所有运营满一年的基金都进行了分红。

3. 基金管理公司的市场形象、对投资者服务的质量和水平也是投资者在选择基金管理公司时可以参考的因素

对于封闭式基金而言，其市场形象主要通过旗下基金的运作和净值体现出来。市场形象较好的基金管理公司，其旗下基金在二级市场上更容易受到投资者的认同与青睐；反之，市场形象较差的基金管理公司，其旗下基金往往会遭到投资者的抛弃，缺乏上涨的动力与题材。对于开放式基金而言，其市场形象主要是通过营销网络分布、收费标准、申购与赎回情况、对投资者的宣传等体现出来的，投资者在投资开放式基金时除了要考虑基金管理公司的管理水平外，还要考虑相关费用、申购与赎回的方便程度以及基金管理公司的服务质量等诸多因素。

三、正确选择三种基金

截至 2011 年 6 月底，开放式基金共有 815 只，品种繁多，许多人有“老虎吃天无从下口”的感觉。对于普通投资来说，只需选三种基金就可规避风险。

1. 货币市场基金

货币市场基金主要投资票据等短期货币工具，其最大的特点是具有较强的灵活性，一般 1～2 个工作日即可赎回，并且年收益一般在 2%以上，高于一年期定期存款收益，购买货币市场基金可谓是“存活期的钱，拿定期的收益”。针对这一特点，

投资者可以购买货币市场基金来替代传统的活期储蓄和一年内的定期储蓄。现在，各理财报刊和网站经常会刊登货币市场基金 7 日年化收益排行榜，可以初选几只“候选”基金观察一段时间，或查询一下基金的历史收益情况，然后选择一只收益较为稳定的基金进行投资。

2. 债券型基金

债券型基金主要投资于国债、企业债和可转债，债券投资比例一般为总资金的 80%，以两年定期存款的税后利率作为业绩基准，在投资风险控制和收益方面具有明显优势，2010 年 1—10 月净值增长在 6%以上的债券型基金比比皆是；同时，债券型基金的申购和赎回手续费较低，一般为股票型基金的一半。日前推出的短债基金还可以完全免除手续费，在赎回上一般实行 T+1，收益也非常可观，90 日年化收益率为 2.3%左右。选择债券型基金应参考其公告的历史净值、最近 30 日的年化净值增长率等指标。

3. 股票型基金

股票型基金主要投资于上市公司的股票，其收益为股票发放的红利以及股票上涨的盈利，投资股票的基金资产一般不低于总资金的 60%。从目前股票型基金的净值增长情况看，很多基金的年收益超过了 10%，这一点是货币市场基金和债券型基金望尘莫及的。所以，购买一只股票型基金可以在灵活性和稳妥性的基础上增加整体投资的收益性。选择股票型基金的难度相对大一些，因为股票型基金的数量最多，有的基金净值一年增长 10%，有的则下滑 10%，因此选择这种基金要看基金净值是否稳定增长，同时要留意它的持股结构是否具备上涨潜力。

四、选择基金的标准

(1) 折价率。折价率的高低反映了基金被低估的程度。

(2) 到期收益率。虽然折价率反映了基金被低估的程度，但不能准确地表达基金的到期收益高低，因此应结合基金的到期时间综合计算基金的到期收益率。

(3) 基金经营业绩。这一条经常被人忽略，有的基金折价率和到期收益率都较低，但你买进后的收益率却高于其他基金，其中的原因就在于基金管理人的运作水平不同。例如，易方达管理的基金科汇，其折价率和到期收益率都较低，但在长期持有的情况下，其收益却在封闭基金中名列前茅，主要原因就是基金管理人的运作水平较高。

五、申购和赎回时机的选择

长线是金，短线是银，这是每一个基金管理人都会对投资者说的。当你精心挑选了基金后，长期持有确实是个不错的选择。如果价格下跌，那么你可以再买入一些基金单位。正如我们所知，利用证券市场的波动来盈利并不是件容易的事（这也是我们选择基金投资的原因）；同样，利用市场波动进行基金交易盈利也十分困难。因此，当投资者购买一只基金后，在不出现重大意外的情况下，建议长期持有自己的基金。但是，利用基金的申购与赎回来获利并非不可能，特别是在某些情况下，这是提高投资收益的有效手段。例如，股市出现持续低迷、不断走低时，我们就可以考虑赎回股票型基金并转入债券型基金或者货币市场基金，甚至持有现金。

对于新发行的基金，当投资者觉得值得投资时，则立即购买是常见的选择，但对于申购基金来说，投资者就面临着购入价格的选择问题。这里提出一个只考虑系统性风险的基本原则：购买下跌中的基金。当然，这个原则的前提是基金净值的下跌是由于系统性风险（也就是市场风险）引起的，如果基金净值的下跌超过了同类基金的平均水平就不在考虑之列。市场疲软对于基金的长期投资者是非常有利的，因为基金在这种情况下较容易建立良好的组合投资，为市场上升时的盈利奠定基础。当然，这并不是排除业绩突出、基金净值不断增长的基金。业绩突出说明公司管理水平有过人之处，在排除系统性风险影响的情况下，它将是投资者购买的首选。

六、基金投资组合的选择

“把所有的鸡蛋都放在一个篮子里”与分散投资、降低风险的基本常识是相悖的。虽然基金投资本身就是一个分散风险的过程，但由于不同基金有着不同的风险，资金充裕的投资者仍有必要同时选择多只基金进行投资，以分散投资基金的风险。

（1）选择不同投资风格的基金进行组合。在相同的市场情况下，不同投资风格的基金可能会有很大差异性，因此可以选择不同投资风格的基金进行投资组合，但不建议选择同一家基金管理公司的基金进行组合。

（2）选择不同投资方向的基金进行组合。目前，市场上的基金主要投资于股票和债券，而这两种证券有着负的相关性。也就是说，当股票市场好时，往往债券市场不太景气，所以可以用股票型基金和债券型基金构建基金投资组合。另外，有些基金在股票市场上的投资对象比较集中，如一只基金主要关注股票市场上的能源类股票和银行类股票，而另一只基金主要关注于高科技类股票，则投资者可以选择这些不同投资方向的基金构建基金投资组合。

七、基金投资的误区

若投资者在投资之前能掌握一些投资技巧，吸取前人的经验和教训，则对提高胜算、增加获利空间相当有帮助。基金投资的误区有以下几类：

误区一：买便宜的基金

很多人以为基金像股票，只要便宜就好，如果抱着这种心态去买基金，就很容易掉入陷阱中。

开放式基金没有贵贱之分，在某个时间点上，所有的基金不同净值高低，都是站在同一起跑线上的，基金管理人的综合能力和给投资者的回报率才是取舍的依据。

误区二：买高报酬的基金

投资人看到某只基金涨了30%、50%，就会毫不犹豫地挑选这只基金。假如你购买基金的理由是这样的，则八成以上的人是现买现套。为什么？其实理由很简单。

虽然报酬率在一定程度上反映了基金管理人的操盘能力，但报酬率毕竟只是过去的业绩，而过去的业绩不代表将来的表现。

误区三：偏爱新基金

老基金乏人问津，而新基金的绩效虽未经过市场检验却分外热销。须知新基金在相当长的发行期、封闭期和建仓期里不会产生效益，这就增加了机会成本，而经过市场考验的老基金早已长缨在手，只要选择得当，就能迅速分享投资收益，理应成为投资者的首选。

新基金不是不好，但新基金没有任何的投资记录可言。如果新基金的基金经理过去有操盘记录可查，还可以作为参考依据，但如果他是一个新人，那么投资人往往就要靠运气了。如果新基金募集期间正好碰上行情好、处在相对高点时，则新基金进场操作后，投资成本相对也就高一些，这对于基金来说是不利的。

此外，新基金进场后，在计算净值时，都会先扣除一些行政成本，如果不是碰上上升行情，则基金净值在初期都是下跌的。所以，如果很想买一只基金，可以等它进场后观察一段时间再买也不迟。

误区四：束之高阁

很多人购买基金后，认为基金是专家理财，只等分享收益就是了，对基金不闻不问，连基金管理人换了也不知道。

受到管理人变动、投资理念更替、操作策略变化等的影响，基金业绩会有很大的波动，持有人应依据投资目标、收益预期以及风险承受能力，适时调整投资组合，以实现自身收益的最大化。

误区五：不设置止损

有些投资者以为基金不是股票，可以不设止损点。这个观念是错误的。

众多的封闭式基金从大幅溢价到折价25%左右，说明了买基金止损的重要性。

误区六：过于分散

目前，多数个人投资者仅仅投资于单只基金。随着基金品种和数量的日益丰富，投资于多只基金，构造个人的基金投资组合将成为一种趋势。

构造组合时，投资者要避免过于分散。在选择基金的时候，长期回报很重要，因此投资组合中应包括核心基金和非核心基金。所谓核心基金是指能够提供稳定回报的基金，应该占整体组合资产的60%～70%，余下的非核心基金可以投向一些“有激情”的基金。

误区七：经常买卖

很多人买基金像买卖股票一样，来回买卖，其结果是就算行情好，也没有赚到什么钱。

不可否认，根据市场时机的变化进行波段操作也是一种投资策略，但要做到每次都如鱼得水地高卖低买是很困难的，除非是像索罗斯那样的投资高手。所以，要卖出基金或在同一系列基金中进行转换，一定要有足够充分的理由。

误区八：赚了手续费，赔了净值

第一次买入基金的人往往货比三家，但比的不是基金的业绩，也不是基金的好坏，而是比到底哪一家公司、哪一只基金的手续费比较低，甚至可以免费。

其实，在购买基金时斤斤计较，如果能省一些手续费也不是坏事，但若把手续费高低当成了买卖基金的首要标准，那就有点本末倒置了。投资基金应该看重其净值成长，所以，首先挑选业绩不错的一些基金，然后比较一下哪只基金比较便宜，再决定买哪只。

误区九：跟风赎回没有主见，看到别人赎回，唯恐自己那份资产会受损失，也跟着赎回决定进退的依据应该是基金管理公司的基本面、投资收益率以及对后市的判断。

误区十：认为基金投资没有风险

基金在国内迅速发展，越来越多的人开始认同基金投资。不过，很多投资者不知是否被基金公司的宣传所误导，总觉得基金投资是零风险的投资工具。

千万要记得一句话，任何投资都伴随着风险，只是风险程度的大小有区别而已。因此，在基金的挑选、买卖时间的选择上，投资者应该认真考虑。

八、降低基金投资成本的技巧

（1）选择费用率低的机构。目前，市场上开放式基金的销售渠道很多，基金公司、证券公司、银行、投资公司或其他一些代销机构等都进行基金的销售，而基金的认购（申购）费率是基金投资的主要成本。出于竞争，有些机构采用将认购（申购）费率打折的方式进行销售。因此，投资者可以在购买之前先了解一下，通过费用率低的机构来购买。

（2）利用基金转换。目前，投资者对同一家基金公司旗下的基金进行转换，如果是同种类型进行转换，将不再收取认购费，如果从债券型基金转换成股票型基金，则收取这两者认购费率的差额。目前，市场上的每家基金公司都管理着数只或更多的基金，如果投资者选择了其中一只基金进行投资，但发现其业绩不如该公司管理的另一只基金好，并且投资者决定赎回已投资的这只基金，然后再去购买该公司管理的另一只基金时，此时就可以选择基金转换。

（3）利用后端收费模式。后端收费的设计目的是为了鼓励投资者长期持有基金，因此后端收费的费率一般会随着持有基金时间的增长而递减。某些基金规定，投资者在持有基金超过一定期限后卖出，则后端收费可以完全免除。

（4）利用分红再投资模式节约手续费。开放式基金的分红方式有两种：一种是现金分红，另一种是分红再投资。若投资者并不需要资金，而且继续看好这只基金，那么在基金分红方式上可以选择分红再投资的模式。因此，分红再投资不需要缴纳认购费用，而是直接将分红的金额转换成基金份额，由此可以节省费用。

（5）认购比申购成本更低。如果选定要购买某只基金，那么在其募集阶段购买可以节省费用。

（6）不要频繁地买卖基金。首先，申购基金需要 T＋2 日才能确认，若要赎回开放式基金还需要几个工作日，一般股票型基金是 4 个工作日资金到账。这样一来，中间耽误的时间太长，如果期间行情好，投资者将会错过机会。其次，申购和赎回基金都需要缴纳费用，而且费用相对较高，如果投资者频繁进行操作，则操作成本将会大增。

思考与练习

一、单项选择题

1. 基金是一种(　　)投资工具。

A. 直接　　B. 间接　　C. 实业　　D. 债权

2. 证券投资基金反映的是(　　)关系。

A. 债权债务　　B. 所有权　　C. 信托　　D. 产权

3. 为了保障广大投资者的利益，防止基金资产被挤占、挪用等，证券投资基金一般都要由(　　)来保管基金资产。

A. 基金发起人　　B. 基金管理人

C. 基金持有人　　D. 基金托管人

4. (　　)也称基金保管人，是对基金管理人进行监督和保管基金资产的机构，是基金持有人权益的代表。

A. 账户管理人　　B. 基金受托人

C. 基金投资者　　D. 基金托管人

5. 证券投资基金是通过组合投资、专业管理方式进行利益共享、风险公担的(　　)投资方式

A. 集资　　B. 集合　　C. 合作　　D. 联合投资

6. 基金投资运作是基金运作的最重要环节，下面的(　　)不属于基金的投资运作部分。

A. 风险控制　　B. 交易管理

C. 绩效评估　　D. 募集与交易

7. 我国相关法律规定，基金管理公司的注册资本应不低于(　　)人民币。

A. 8 000 万元　　B. 1 亿元

C. 12 000 万元　　D. 15 000 万元

8. 在整个基金的运作中，(　　)实际上处于重要地位，起着核心作用。

A. 基金管理人　　B. 基金托管人

C. 基金份额持有人　　D. 基金发起人

9. 证券投资咨询机构应当有(　　)名以上取得证券投资咨询从业资格的专职人员，在高级管理人员中，至少有一名取得证券投资咨询从业资格。

A. 5　　B. 10　　C. 15　　D. 20

10. 开放式基金的募集一般要经过申请、核准、发售、备案、(　　)等步骤。

A. 发行　　B. 上市　　C. 审批　　D. 公告

二、多项选择题

1. 证券投资基金的主要特征是(　　)

A. 集合投资、专业管理　　B. 组合投资、分散风险

C. 利益共享、风险共担　　D. 严格监管、信息透明

2. 根据投资对象不同，可将基金分为(　　)。

A. 股票型基金　　B. 混合型基金

C. 债券型基金　　D. 货币市场基金

3. 基金与股票、债券的主要区别是(　　)。

A. 影响价格的主要因素不同　　B. 投资收益与风险大小不同

C. 流动性不同　　D. 投资回收期和方式不同

4. 基金的当事人包括(　　)。

A. 份额持有者　　B. 注册登记机构

C. 托管人　　D. 管理人

5. 基金的自律组织主要有(　　)。

A. 证券交易所　　B. 中国证监会

C. 律师事务所　　D. 会计师事务所

三、判断题

1. 根据组织形式不同，可以将基金分为封闭式基金和开放式基金。　　(　　)

2. 与基金相比，保险产品的流动性、灵活性相对较差。　　(　　)

3. 基金管理人、基金托管人既是基金的当事人，又是基金的主要服务机构。 （　　）

4. 基金的一切投资活动都是为了增加投资者的收益，一切风险管理都是围绕保护投资者利益来考虑的。 （　　）

5. 基金公司是基金的出资人、基金资产的所有者和基金投资收益的受益人。 （　　）

第八章

股票理财

【学习指导】

通过本章的学习，学生应理解股票的概念及影响股票价格的因素，掌握股票投资的基本技术分析方法，并对股票投资做出恰当的判断和选择。

第一节　股票的含义与种类

一、股票的含义与特点

（一）股票的含义

股票是股份公司为筹集资金而发给股东作为其投资入股的证书和按股份取得股息及红利的凭证，是持股人拥有企业股份的书面证明。

(二) 股票的特点

(1) 要式性，即股票票面上必须按照一定的格式记载一些表明其性质和特征的事项。

(2) 权益和责任的统一性，即股东在公司中所拥有的权益和责任。

(3) 流通性，即可以进入证券市场进行交易、流通和转让。

(4) 永久性，即股票一经发行，只要发行股票的公司不倒闭，便可无限期地延续下去。

(5) 风险性，即投资股票存在因投资亏损和企业经营不善而导致亏本或倒闭的风险。

二、股票的种类

(一) 按股票所代表的不同权益和风险划分为普通股、优先股

普通股是指在公司的经营管理和盈利及财产的分配权上享有普通权利的股份，代表满足所有债权人偿付要求及优先股股东的收益权和求偿权之后，对企业盈利和剩余资产的索取权，它构成公司资本的基础，是股票的一种基本形式，也是发行量最大、最为重要的股票。

优先股是指股份公司发行的在普通股之前获得固定股息、破产清算补偿等优先权的股票。

(二) 按股票上市地点不同划分为 A 股、B 股、H 股、N 股、S 股

A 股是指人民币普通股票，由我国境内的公司发行，供境内机构、组织或个人(不含港、澳、台投资者)以人民币认购和交易的普通股票。

B 股是指人民币特种股票，由我国境内企业发行并以人民币面值标价，以外币认购和交易并在境内证券交易所上市，供国内外持有外汇的投资者买卖的股票。

H 股是指在我国境内注册成立并获得我国证券监督管理委员会批准，在中国香港证券交易所上市的公司股份。

N 股是指在我国境内注册成立并获得我国证券监督管理委员会和美国证券管理机构批准，在美国纽约证券交易所上市的公司股份。

S 股是指在我国境内注册成立并获得我国证券监督管理委员会和新加坡证券管

理机构批准，在新加坡证券交易所上市的公司股份。

（三）按投资主体不同划分为国家股、法人股、社会公众股

国家股是指有权代表国家投资的政府部门或机构以国有资产投入公司形成的股份。

法人股是指企业法人或具有法人资格的事业单位或社会团体以其依法经营的资产向公司非上市流通股权部分投资所形成的股份。

社会公众股是指我国境内个人或机构，以其合法财产向公司可上市流通股权部分投资所形成的股份。

第二节 股票投资分析

一、股票投资基本分析

基本分析也称基本面分析，是指证券投资分析者用经济学中投资等基本原理，对决定和影响股票价值及价格的基本因素进行深入、细致地分析，评估股票的投资价值，评判合理价格，提出相应投资建议的一种分析方法。基本分析的内容主要包括宏观经济因素分析、行业分析和公司分析。

（一）宏观经济因素分析

（1）经济周期对股市的影响分析。经济周期的变化决定股市的趋势。经济周期分为衰退、危机、复苏和繁荣四个阶段。一般来说，在经济衰退时期，股票指数由上涨趋势转为下跌趋势，股价逐步下跌，到经济危机时期，股价跌至最低点。随着经济复苏的到来，股票指数慢慢由下跌转向上升，股价逐渐上涨，到经济繁荣时期，股价到达最高点。

（2）GDP 增长速度对股市的影响分析。GDP 增长速度的快慢直接影响股市的涨跌。总体来说，GDP 增长速度与股票市场的涨跌轨迹具有相似性。GDP 增长速度越快，股市上升幅度越大；GDP 衰退，股市也下跌。

（3）CPI变动对股市的影响分析。CPI变动对股市的影响比较复杂。从总体上说，CPI的走势与股市的走势是一致的，即CPI上升，股价上涨；CPI下降，股价下跌。

从具体运作上看，CPI的运行轨迹和股市变动轨迹会出现不一致，甚至出现矛盾，即CPI还在上升，而股市已开始下跌；CPI还在下降，而股市已开始上升。

从CPI对某上市公司的影响来看，要具体分析物价变动对该公司成本和销售的影响，然后据此做出判断。

（4）财政政策变动对股市的影响分析。

财政预算政策
- 预算结余，不利于股市上涨
- 预算赤字，有利于股市上涨

财政税收政策
- 加税提率，不利于股市上涨
- 减税降率，有利于股市上涨

财政产业政策
- 产业限制，不利于股市上涨
- 产业扶持，有利于股市上涨

（5）金融政策变动对股市的影响分析。

信贷政策
- 紧缩信贷，导致股市下跌
- 扩张信贷，促使股市上涨

利率政策
- 提高利率，导致股市下跌
- 降低利率，促使股市上涨

存款准备金率政策
- 提高准备金率，导致股市下跌
- 降低准备金率，促使股市上涨

（二）行业分析

（1）行业生命周期与股价的关系，如表8—1所示。

表8—1　行业生命周期与股价的关系

行业生命周期	业绩特点	股价特点
开创期	不稳定	变动大
扩张期	稳定增长	逐步上升
停滞期	逐渐衰退	逐步下跌

（2）行业经济类型与股价的关系，如表8—2所示。

表 8—2　　行业经济类型与股价的关系

行业经济类型	业绩特点	股价特点
基础性产业	稳定	稳定
周期性行业	周期性变动大	变动大
成长性行业	稳步增长	稳步上升

（三）公司分析

（1）公司基本因素分析，其内容主要包括：

1）公司盈利水平。

2）公司经营业绩。

3）公司股息政策。

4）公司资金结构。

5）公司经营能力。

6）公司竞争地位。

通过对上述内容的横向比较和纵向比较，可以确定公司的基本情况和定位。

（2）公司财务分析。

1）公司偿债能力分析。

$$\text{流动比率}=\frac{\text{流动资产}}{\text{流动负债}}\times 100\%$$

$$\text{速动比率}=\frac{\text{速动资产}}{\text{流动负债}}\times 100\%$$

$$\text{负债比率}=\frac{\text{负债总额}}{\text{股东权益}}\times 100\%$$

$$\text{举债经营比率}=\frac{\text{负债总额}}{\text{总资产净额}}\times 100\%$$

流动比率和速动比率越大，偿债能力越强；反之越差。负债比率和举债经营比率越大，偿债能力越弱；反之越强。

2）公司经营能力分析。

$$\text{固定资产周转率}=\frac{\text{销售收入}}{\text{平均固定资产总额}}\times 100\%$$

$$\text{资产周转率}=\frac{\text{销售收入}}{\text{平均资产总额}}\times 100\%$$

这两种比率越大，说明公司的经营能力越强；反之越差。

3）公司获利能力分析。

$$资产报酬率=\frac{税后利润}{平均资产总额}\times100\%$$

$$资本报酬率=\frac{税后利润}{股东权益}\times100\%$$

这两种比率越大，说明公司的获利能力越强；反之越差。

4）公司股票报酬率分析。

$$市盈率=\frac{股票价格}{每股税后利润}\times100\%$$

$$本利比=\frac{股票价格}{每股股息}\times100\%$$

$$获利率=\frac{每股股息}{每股市价}\times100\%$$

市盈率和本利比越小，说明公司股票的报酬越高；反之越低。获利率越高，说明回报越高；获利率越低，说明回报越低。

二、股票投资技术分析

技术分析是指将股票市场已发生的一些历史资料（如成交量、开盘价、收盘价、涨跌幅等）画成线图或转化为技术指标，从中找出有规律或有意义的图形及数据，然后根据这些图形和数据来预测未来股票价格的变动趋势。

（一）图标分析方法

（1）线图。线图就是把每日的收盘价在图形上标出，然后再将各点连接所得到的曲线。有意义的线图形态主要包括：

1）底部形态，如双重底、三重底、头肩底、圆形底、V 形底等。

2）顶部形态，如双重顶、头肩顶、圆形顶、倒 V 形顶等。

3）整理形态，如箱形、三角形、方形等

（2）梯形形态，市场应用很少，不赘述。

（3）点数图（OX 图），市场应用很少，不赘述。

（4）K 线图。

1）K 线图的绘制方法：

①标出开盘价和收盘价，再以粗线绘成长方形，称为实体。

②若收盘价高于开盘价，则以红色实体表示，称为红线或阳线。

③若收盘价低于开盘价，则用绿色或黑色实体表示，称为黑线或阴线。

④若最高价高于实体的高价，则在实体上另加细线，称为上影线。

⑤若最低价低于实体的低价，则在实体下另加细线，称为下影线。

2）典型的K线组合。

①早晨之星、夕阳之星。

②红三兵、三只乌鸦。

③单日反转。

④短期见底。

⑤短期见顶。

（二）技术指标分析方法

（1）移动平均线（MA）。

1）移动平均线的含义。移动平均线是利用统计处理的方式，将若干股票价格加以平均，然后连成一条线，用以观察股价的趋势。移动平均线的理论基础是道琼斯的“平均成本”概念。

2）研判。

①移动平均线由下降逐渐走平而股价自移动平均线的下方向上突破是买进信号。

②当股价在移动平均线之上产生下跌情形，但刚跌到移动平均线之下就开始反弹。此时，如果股价绝对水平不是很高，就是买进信号。

③移动平均线处于上升之中，此时实际股价发生下跌，但未跌到移动平均线之下，随后反弹，这也是买进信号。

④股价趋势在移动平均线下方加速下跌，远离移动平均线，此时为买进时机。

⑤移动平均线的走势从上升趋势逐渐转为盘整，当股价从平均线上方向下突破移动平均线时，为卖出信号。

⑥移动平均线缓慢下降，股价虽然一度上升，但刚突破移动平均线就开始逆转向下，这可能是股价下降趋势中的暂时反弹，价格可能继续下降，因此是一种卖出信号。

⑦移动平均线处于下降趋势，股价在下跌过程中曾一度上涨到移动平均线附近，但很快又处于下降状态，这是一种卖出信号。

⑧股价在平均线上方突然暴涨，向上远离平均线，这是卖出信号。

（2）平滑异同移动平均线（MACD）。

1）MACD的含义。MACD是根据移动平均线容易掌握趋势变动方向的优点发展出来的，它是利用两条指数平滑移动平均线（一条变动的速率较快——短期的移动平均线，另一条较慢——长期的移动平均线）来计算两者的差离状况（DIF），并将其作为研判行情的基础，然后再求取DIF的9日平滑移动平均线（即MACD线）。实际上，MACD就是运用快速移动平均线与慢速移动平均线聚合与分离的征兆来研判买进与卖出的时机和信号。

2）运用原则。

①DIF与MACD在0以上，属于多头市场。若DIF向上突破MACD，可以买入；若DIF向下跌破MACD，只可做原单的平仓，不可出新卖单。

②DIF与MACD在0以下，属于空头市场。若DIF向下跌破MACD，可以卖出；若DIF向上突破MACD，只可做原单的平仓，不可出新买单。

③牛背离。股价出现两三个近期低点而MACD并不配合出现的新低点，可以买入。

④熊背离。股价出现两三个近期高点而MACD并不配合出现的新高点，可以卖出。

⑤MACD可配合RSI（相对强弱指数）与KD（随机指数）使用，以便互相弥补各自的缺点。

⑥高位两次向下交叉要大跌，低位两次向上交叉要大涨。

（3）相对强弱指数。

1）相对强弱指数的含义。相对强弱指数基于市场上供给与需求必须平衡，价格才能趋稳的基本原理，利用市场上的价格涨跌情况作为买卖压力的判断依据，并以此判断市场未来的价格走势。

2）运用原理。

①受计算公式的限制，无论价位如何变动，相对强弱指标的值均为0～100。

②相对强弱指标维持在50以上，表示强势市场；反之，低于50表示弱势市场。

③相对强弱指标一般在30～70，当14日相对强弱指标上升到80，表示股市已有超买现象；如果相对强弱指标超过90，表示已到严重超买的警戒区，股价已形成头部，极可能在短期内反转向下。

④当14日相对强弱指标下降到20，表示股市已有超卖现象；如果相对强弱指标下降至10以下，表示已到严重超卖区域，股价已形成底部，极可能在短期内止跌回升。

（4）成交量净额法（OBV）。

1）成交量净额法的含义。成交量净额法也称OBV线分析法，是一种较为普通

和传统的分析工具，它认为买卖双方对未来的股价评价越不一致，则成交量（或成交值）越大；反之，如果投资者对未来的股价评价越一致，则成交量（或成交值）越小。因此，由成交量（或成交值）就可判断股市的能量及股价发展趋势。

2）运用原理。

①当股价上涨而 OBV 线下降时，表示能量不足，股价可能回跌。

②当股价下跌而 OBV 线上升时，表示买气旺盛，股价可能止跌回升。

③当股价上涨而 OBV 线同步缓慢上升时，表示股市继续看好，仍有上升空间。

④当 OBV 线暴升，不论股价是否暴涨或回跌，表示能量即将耗尽，股价可能止涨反转。

（5）随机指数（KD 线）。

1）随机指数的含义。随机指数是期货市场和股票市场常用的技术分析工具，在图形上是由 K 线和 D 线两条线形成，因此简称 KD 线。随机指数在设计中综合了动量观念、相对强弱指数和移动平均线的一些优点，在计算过程中主要研究高低价位与收盘价的关系，即通过计算当日或最近数日的最高价、最低价及收盘价等价格波动的真实波幅，反映价格走势的强弱势和超买超卖现象。此外，随机指数在设计中充分考虑了价格波动的随机振幅和中短期波动的预估，使随机指数的短期测市准确度比移动平均线更好，而在市场短期超买超卖的预测方面，随机指数比强弱指数更为敏感。因此，将随机指数作为股市的中短线技术测市工具颇为实用有效。

2）运用原则。

①超买超卖区域的判断——K 值在 80 以上、D 值在 70 以上为超买的一般标准，K 值在 20 以下、D 值在 30 以下为超卖的一般标准。

②背离判断。当股价走势一峰比一峰高时，随机指数的曲线一峰比一峰低，或股价走势一底比一底低时，随机指数的曲线一底比一底高，这种现象称为背离。随机指数与股价走势产生背离时，一般为转势的信号，表明中期或短期走势已见顶或见底，此时应选择正确的买卖时机。

③K 线与 D 线交叉突破判断。当 K 值大于 D 值时，表明当前是一种上升的趋势，因此 K 线从下向上突破 D 线是买进信号；反之，当 D 值大于 K 值，表明当前的趋势向下跌落，因此 K 线从上向下跌破 D 线是卖出信号。

（6）威廉指数（%R）。

1）威廉指数的含义。威廉指数是利用摆动点度量股市的超买超卖现象，可以预测循环期内的高点或低点，从而提出有效的投资信号。威廉指数是分析市场短期行情走势的重要技术指标。

2）运用规则。

①当威廉指数达到 80 时，市场处于超卖状态，股价随时可能见底，因此威廉指数为 80 的横线一般称为买进线，投资者在此可以伺机买入；反之，当威廉指数达到 20 时，市场处于超买状态，股价随时可能见顶，威廉指数为 20 的横线一般称为卖出线。

②当威廉指数从超卖区向上爬升时，表示行情趋势可能转向。在一般情况下，当威廉指数突破时，市场由弱市转为强市，是买进信号；反之，当威廉指数从超买区向下跌且跌破 50 时，可以确认市场由强市转为弱市，是卖出信号。

第三节　股票投资的选择

选股时，投资者要注意收集和分析下列情况：

（1）股份公司的历史背景、盈利记录及前景展望。

（2）股份公司的管理水平及研究开发工作。

（3）上市公司的产品专利与商标的知名度。

（4）上市公司的成长潜力估计。

（5）股份公司的生产能力及经营情况。

（6）股份公司管理者与工人的关系状况。

（7）公司经营受国际贸易影响的程度。

（8）政府对该公司所属行业的政策态度。

（9）股东的数量和情况等。

在分析上述因素后，投资者选择以下股票较为安全和有利：

（1）成交量大、流动性强的蓝筹股或庄股。

（2）一流管理技术、一流经营业绩、具有广阔发展潜力的公司股票。

（3）价格明显低于其价值的公司股票。

（4）业绩优良但尚未出名的股票。

（5）自己有充分认识和了解的股票。

上面介绍的是比较理性的一般性选股原理，但在不同的特定市场背景下，不同时期的市场炒作热点或题材是不同的，所以选股理论也不同。

1. 按照市场的轮炒节奏选股

凡是要形成一个持续稳健的多头市场，都会出现一个色彩纷呈、颇为有序的市场轮炒局面。一般的规律是：股市由空头市场转向多头市场，首先是一线绩优股率先止跌回稳，向上攀升，引领大市走出谷底、步入升途。此时，升势凌厉的是一线绩优股，二线股基本原地踏步，股价徘徊不前；那些三线股、四线股最为可怜，股价不但不升，反而下跌。一线股经过一段时间的炒作，股价已有较大幅度的上升，面临获利回吐的压力，开始进入调整期。此时，市场主力已将炒作的目光投向二线绩中股，致使二线股进入主升段，在“十大升幅榜”和“十大成交榜”中，几乎都是二线股。二线股经过一段时间的炒作后，股价已大幅飙升，开始出现回调，股市开始进入“低价股革命”的时期。三线股、四线股一直被市场遗忘，无人问津，虽然整个股市的价格指数已升了30％～40％，但这些股票的价格不升反跌。随着一线股、二线股的不断上扬：一方面，为三线股、四线股的股价腾出了上升的空间；另一方面，由于三线股、四线股价格的相对低廉和一些低价股业绩的好转，吸引了众多在一线股、二线股炒作中赚了不少的投资者。由于三线股、四线股出现了令人目不暇接的壮观补涨行情，甚至在某一段时期出尽了风头。

在一个持续涨升的多头市场上，通常就是按照一线股、二线股、三线股、四线股的节奏进行轮番炒作的。作为一个精明的投资者，就应该按照当时股市的轮炒节奏选股。假如市场是按照一线股、二线股、三线股、四线股的节奏轮炒的，你就应该首先选择一线绩优股作为投资对象，等到一线股的价格提升到较理想的价位时，立即获利了结，转选二线股；等到二线股的价格升到高位时，马上抛出，改选三线股、四线股……如此循环，你就可以获得比平均利润率高几倍的收益。

2. 按照市场的炒作热点选股

市场炒作热点也称市场炒作题材，是市场投资者在某一个时期关注的焦点和炒作的对象。市场炒作热点多种多样、经常变化，是社会政治、经济等信息在股市的反映和表现。市场炒作热点主要有以下几类：

（1）政治热点。例如，香港回归、十八大召开等。

（2）地区热点。例如，四川板块、湖南板块、海南板块、福建板块等。

（3）行业热点。例如，有色金属板块、消费板块、房地产板块、化工板块、汽车板块、钢铁板块等。

（4）其他热点。例如，收购题材、资产重组题材等。

作为一个反应敏捷、果断、聪明的投资者，应该根据不同的市场信息，及时捕捉股市中的炒作热点。某个热点一旦形成，马上根据该热点去选择那些属于该热点范畴但股价尚未启动的股票作为投资对象。

应该说，既然某一题材能够成为市场的热点，那么该题材应能构成对此类股票价格上升的实质性利好，但问题在于，市场热点的炒作往往过了头，题材的实际效果不足以支撑已炒作过高的股价。因此，投资者按照市场的炒作热点选股以及参与市场题材的炒作，一定要手疾眼快、快进快出；否则，热点一过，股价回落，投资者就会成为套牢一族。

思考与练习

一、单项选择题

1. 股票是一种(　　)。

A. 债权凭证　　B. 股权凭证　　C. 契约凭证

2. 决定股票市场趋势的因素是(　　)。

A. 物价水平　　B. 财政政策　　C. 经济周期

3. 股价与利率的关系是(　　)。

A. 正方向　　B. 反方向　　C. 无方向

二、多项选择题

1. 股票的特点有(　　)。

A. 要式性　　B. 权责统一性　　C. 流通性

D. 永久性　　E. 风险性

2. 股票按代表的权益和风险不同，可分为(　　)。

A. 普通股　　B. 优先股　　C. A股　　D. B股　　E. H股

3. 股票按投资主体不同，可分为(　　)。

A. 普通股　　B. 优先股　　C. 国家股

D. 法人股　　E. 社会公众股

三、问答题

1. 物价变动对股票有何影响?
2. 财政政策变动对股市有何影响?
3. 金融政策变动对股市有何影响?
4. 行业生命周期与股价有何关系?
5. 行业经济类型与股价有何关系?
6. 公司财务分析的内容包括哪些?
7. 试述移动平均线的市场运用法则。
8. 试述平滑异同移动平均线的市场运用法则。
9. 试述相对强弱指数的市场运用法则。
10. 试述随机指数的市场运用法则。
11. 试述威廉指数的市场运用法则。
12. 试述股票的一般选股原理。
13. 试述股票投资组合的选股原理。

第九章 外汇理财

【学习指导】

通过本章的学习，学生应了解外汇的含义和种类，理解影响外汇汇率变动的因素，掌握外汇交易的方式和特点。

第一节　外汇与汇率

一、外汇的含义与形成

1. 外汇的含义

外汇是以外币表示的可用于国际结算和清偿债权债务的一种支付手段。

2. 外汇的形成

(1) 外汇货币，包括纸币、铸币等。

(2) 以外币表示的信用工具，包括外国银行汇票、银行支票、银行存款凭证、商业汇票等。

(3) 以外币表示的有价证券，包括各类长期与短期的外国政府公债、国债、金融债券、股票等。

(4) 以外币表示的其他各种可以取得外汇收入的债权凭证，如租赁地契等。

二、汇率的含义与种类

1. 汇率的含义

汇率也称汇价、外汇行市，是一国货币折算成另一国货币的比率，或是用一国货币表示的另一国货币的价格。概括地说，汇率就是两种不同货币之间的比价。

2. 汇率的种类

汇率按不同的标准可分为不同的种类：

(1) 按制定汇率的方法划分，有基本汇率和套算汇率。

(2) 按银行买卖外汇的方向划分，有买入汇率、卖出汇率和中间汇率。

(3) 按外汇交易的交割期限划分，有即期汇率和远期汇率。

(4) 按外汇管理的宽严划分，有官方汇率和市场汇率。

(5) 按各国汇率制度划分，有固定汇率和浮动汇率。

第二节 影响汇率变动的因素分析

一、通货膨胀

在纸币流通的条件下，从根本上说，两国货币之间的比率是由各自所代表的价值决定的。物价是一国货币实际价值在商品市场的体现，通货膨胀意味着该国货币代表的实际价值下降。因此，国内外通货膨胀率的差异就是决定汇率长期趋势的主导因素。

二、利率

利率主要通过短期资本的流动对汇率发生作用，国际资本会流入利率高的国家套取利差，从而增加该国的外汇供给。

三、经济增长率

国内外经济增长率对汇率的作用是多方面的。第一，一国经济增长率高，意味着收入上升，由此会造成进口支出的大幅度增长。第二，一国经济增长率高，往往意味着生产率提高很快，由此通过生产成本的降低改善本国产品的竞争地位，从而有利于增加出口、抑制进口。第三，经济增长势头好，一国利润也较高，由此吸引国外资金流入本国，进行直接投资，从而改善资本项目收支。

四、国际收支状况

当一国国际收支逆差时，意味着外汇市场上外汇供不应求、本币供大于求，结果是外币汇率上升、本币汇率下跌；反之，一国国际收支顺差，则外汇市场上外汇供大于求，本币供不应求，结果是外币汇率下跌、本币汇率上升。

五、政府的干预政策

政府干预经济运行的各项政策都会直接或间接地影响汇率的变动。

六、市场预期

市场预期因素是影响国际资本流动的另一个重要因素。当交易者预测某种货币今后可能贬值时，就会大量抛出；反之，就会大量买进。可以说，市场预期因素是在短期内影响汇率变动的最主要因素。

第三节 外汇交易

一、外汇交易的参与者

(1) 外汇银行。外汇银行是经中央银行批准可以从事外汇经营活动的商业银行和其他金融机构，是外汇市场上最重要的主体机构。外汇银行的主要业务包括外汇买卖、汇兑、押汇、外汇存贷、外汇担保、咨询及信托等。

(2) 外汇经纪人和外汇交易员。外汇经纪人是专门介绍外汇买卖业务、促使买卖双方成交的中间人。外汇经纪人分为两类：一类是一般经纪人，他们用自有资金参与买卖中间活动，并承担损益；另一类是跑街经纪人，俗称掮客，他们不参与外汇买卖活动，凭借提供信息收取佣金，代客户买卖外汇。外汇经纪人主要依靠提供最新、最可靠、对客户最有利的信息生存，因此他们拥有庞大的信息网和先进的通信网，善于捕捉并利用信息，开发获利渠道。

外汇交易员是外汇银行专门从事外汇交易的人员，交易员向客户报价，代银行进行外汇买卖。根据所承担的不同工作责任，交易员可分为首席交易员、高级交易员、交易员、初级交易员和实习交易员。首席交易员一般负责好几种主要外汇的买卖，交易金额不受限制。高级交易员负责较重要的外汇交易，在交易金额上很少限制。交易员、初级交易员和实习交易员一般只负责一种货币的交易，而且要根据经验规定交易限额，超限额时要请示高级交易员或首席交易员。

(3) 进出口商及其他外汇供求客户。进出口商及其他外汇供求客户是指外汇市场上除外汇银行以外的企业、机关、团体，它们是外汇的最初供应者和最终需求者，比如从事进出口贸易的企业、进行跨国投资的企业和偿还外币负债的企业以及需要外汇的个人等。这些客户的外汇买卖活动反映了外汇市场的实质性供求，尽管这部分交易在外汇市场交易中所占的比重不大，但对一国国民经济却产生了实际影响。

(4) 外汇投机者。外汇投机者是通过预测汇率的升降趋势，利用某种货币汇率的时间差异低买高卖，以赚取投机利润的市场参与者。外汇投机者对外汇并没有真

实的需求，如调整头寸或清偿债务，他们参与外汇买卖纯粹是为了寻找因市场障碍而可能产生的获利机会。

（5）中央银行或政府其他外汇管理机构。中央银行是外汇市场的特殊参与者，它进行外汇买卖不是为了谋取利润，而是为了监督和管理外汇市场。中央银行一般设立外汇平准基金，专门用于外汇买卖，以实现干预外汇市场的目的。中央银行还可以利用利率工具来调整银行利率水平，从而直接干预远期汇率。

二、外汇交易方式

（一）即期外汇交易

即期外汇交易也称现汇交易，是指买卖双方成交后，在两个营业日内办理交割的外汇买卖。交割日期也称起息日，一般为成交日后的第二个营业日；如果恰逢银行非营业日或节假日，则顺延为假日后的第一个营业日。双方根据需要也可以将起息日约定为成交当日或成交次日。

即期外汇交易是外汇市场上最常见、最普遍的形式，一般操作程序如下：第一，银行向外汇经纪人询问货币种类、价格、交割日期；第二，外汇经纪人向银行介绍市场上的各种买卖价格，当条件合适时，银行就决定买或卖；第三，成交之后，于约定的日期清偿资金。

从即期外汇交易的目的来看，一般有三种：第一，进出口贸易和劳务收付的需要。此业务发生在银行与进出口商、旅游者之间。进口商或需要购入外汇者向银行购买外汇，用银行卖出价购入；出口商或需要卖出外汇者将外汇卖给银行，用银行买入价卖出。第二，银行在国际业务中，对于各种货币头寸的抛补需做大量的外汇交易。第三，利用汇率比值的涨落差价进行外汇投机业务。

即期外汇交易的做法比较简单，它是在银行交易室进行。投资者利用现代化通信工具，在屏幕上不断查看最新的外汇行情，如果投资者认为价位合适，即可通过经纪人询问对方的卖出价、买入价，经同意便可以成交。

（二）远期外汇交易

远期外汇交易也称期汇交易，是指外汇买卖双方先签订合同，规定交易的币种、数额、适用汇率及日期、地点等，并于将来某个约定时间进行交割的外汇交易活动。期汇交易与现汇交易的主要区别在于起息日的不同，凡起息日在两个营业日以后的外汇交易均属期汇交易。期汇交易的交割期限通常为1个月、2个月、3个月、6个月，也有长至1年、短至几天的。

远期外汇买卖使用远期汇率。远期汇率通常是以即期汇率为基础，但它与即期汇率之间有个差值，这个差值称为隔水，也就是人们通常说的升水和贴水。如果一种货币的远期汇率高于即期汇率，称为远期升水；如果一种货币的远期汇率低于即期汇率，称为远期贴水；如果远期汇率和即期汇率相等，称为汇率平水。

人们进行期汇交易的具体目的是多方面的，但不外乎保值和投机。套期保值是指卖出或买入金额相等的一笔外汇，使这笔外币资产或负债以本币表示的价值免受汇率变动的影响。投机是指投机者根据其对汇率变动的预期，有意持有外汇的多头或空头，希望利用汇率变动来赚取利润。

（三）外汇互换交易

外汇互换交易是指将货币相同、金额相同，但方向相反、交割期限不同的两笔或两笔以上的外汇交易结合起来进行，也就是在买进某种外汇时，卖出金额相同的这种货币，但买进和卖出的交割日期不同。

（四）套汇交易

套汇交易是指利用同一时刻不同外汇市场上的汇率差异，通过买进和卖出外汇来赚取利润的行为。

（1）直接套汇。直接套汇也称双边或两角套汇，是最简单的套汇方式。直接套汇是指利用两个外汇市场上某种货币的汇率差异，在两个外汇市场上同时买卖这种货币的行为。

（2）间接套汇。间接套汇也称三角套汇，是利用三个不同外汇市场上的差异，同时在三个外汇市场上买卖外汇、赚取差价的行为。

（五）套利交易

套利交易是指在两国短期利率出现差异的情况下，将资金从低利率的国家调到高利率的国家，从而赚取利息差额的行为。

思考与练习

一、多项选择题

1. 外汇的形式包括(　　)。

A. 外钞　　B. 信用工具　　C. 有价证券

D. 债权凭证　　E. 黄金

2. 汇率按制定方法的不同，可分为(　　)。

A. 基本汇率　　B. 套算汇率　　C. 买入汇率

D. 卖出汇率　　E. 官方汇率

3. 汇率按交割期限的不同，可分为(　　)。

A. 官方汇率　　B. 市场汇率　　C. 即期汇率

D. 远期汇率　　E. 浮动汇率

4. 外汇市场的参与者有(　　)。

A. 中央银行　　B. 外汇银行　　C. 外汇经纪人

D. 进出口商　　E. 外汇投机者

二、问答题

1. 试述影响汇率变动的因素。
2. 试述即期外汇交易的特点。
3. 试述远期外汇交易的特点。
4. 试述外汇互换交易的特点。
5. 试述套汇交易的特点。
6. 试述套利交易的特点。

第十章 黄金产品理财

【学习指导】

通过本章的学习，学生应了解黄金理财产品的类型及其特征，理解黄金交易市场中影响黄金价格的主要因素，掌握如何正确选择黄金理财产品。

第一节 黄金理财产品

黄金理财是指通过对黄金及其衍生品进行购买、储藏及销售等，从而获得财产保值、增值及盈利的行为。近年来，国内金价从 220 元/克起步一路狂飙，最高冲上 360 元/克大关，国际金价 2011 年 8 月力破 1 750美元/盎司，创下新高；再加上国家出台对房地产政策的调控措施后，不少有意投资房地产的投资者马上意识到房地产市场的前景还需观望，于是暂时按兵不动，并把注意力转移到其他投资方式上。伴随近一段时间股市的低迷，致使基金市场也冷冷清清，因而黄金投资获得了消费者的青睐，各银行更是倾力推出各种黄金理财产品，引得黄金行情一路上涨。在当前这种情形下，投资者可不可以选择投资黄金？如果可以，投资者应该如何选择黄金理财产品？此时，投资者就需要了解和熟悉黄金理财产品。

一、黄金及其属性

黄金是一种具有商品和货币双重属性的特殊物品。

（1）黄金的自然属性。黄金是一种带有黄色光泽的金属，因为其本身具有良好的稳定性和稀有性，所以黄金成为贵金属，被人们作为财富的象征。黄金是制作钱币和首饰的重要原料，又是国家的重要储备物资，故有“金属之王”的美誉。黄金不仅被视为美好和富有的象征，而且还以其特有的价值，广泛运用于航天、医学、电子等领域。

黄金常以自然金的状态存在，含有银和铜等杂质，这与金属的合金不同，黄金具有很好的韧性和延展性，因此可以制成极薄的金箔和极细的金丝，古代的帝王将相和贵族常用黄金制作服饰。

按性质分，未经提炼的黄金称为“生金”，经过提炼的黄金称为“熟金”。人们通常把掺入了银和其他金属的熟金称为“混色金”，主要是使黄金在色泽上出现变化。混色金成色的表示方式就是我们常说的 K 金（如 24K、22K、18K 等），K 值越大，表示成色越高。例如，24K 黄金的含金量为 99.998%，基本视为纯金。黄金的纯度也可以用比例法表示，如 Au99.95 就是含金量为 99.95%的黄金。

（2）黄金的货币属性。马克思说过：“金银天然不是货币，但货币天然是金银。”黄金很早就被人们看做财富的象征，但实际上，金银天然不是货币。因为黄金就其使用价值来讲，它与铜、铁、小麦、棉花等物体一样，只是可被人们利用的自然物质，但由于黄金特有的自然特性——数量较少，生产需花费较多劳动，价值昂贵，具有良好的延展性，不易腐蚀，便于分割和携带等——这一切都决定了黄金与白银一起，成为人类商品社会中最适宜充当货币的商品，即一般等价物。黄金作为一般等价物，由于其稀缺性和完美的自然属性，备受世人瞩目，也因此具有了货币流通、支付及储藏的职能。

1922 年世界货币会议决定实行金本位制，由各国铸造金币发放到市场上进行流通，国家的货币储备和国际结算都使用黄金。第二次世界大战爆发后，金本位制崩溃。1944 年，联合国国际货币金融会议在美国新罕布什尔州的布雷顿森林召开，建立起一个以黄金和美元为国际本位货币的国际货币制度，重新制定了黄金兑换制度，并成立了国际货币基金组织。这就是著名的布雷顿森林体系。由于世界经济的一体化进程加快、美元贬值等诸多因素，1973 年布雷顿森林体系瓦解，世界进入隐性货币时代。由于黄金可避免不同国家货币在国际结算及汇率上的麻烦，具有充当世界货币的职能，因而当前国际结算货币除了美元、欧元、英镑、日元外，黄金仍是世界第五大国际结算货币。

二、黄金市场及其特点

(一) 黄金交易的历史

史料上没有确切记载黄金交易的最早发生时间，但黄金的集中交易或有规模的交易可追溯到 14—15 世纪。当时由于新航路的开辟，远洋商业活动开始频繁出现，以欧洲为中心的世界市场开始形成，黄金交易活动逐渐活跃起来。1804 年，伦敦成为世界黄金交易的中心。1919 年，伦敦金市正式成立。1974 年底，美国开始允许自由交易黄金和私人拥有黄金，纽约商品交易所（COMEX）立即成为世界最大的黄金期货市场，在伦敦和纽约两个市场的带动下，黄金交易得到迅速发展。

(二) 黄金市场

所谓的黄金市场，也就是进行黄金买卖交易的市场，通常是指有组织管理机构且有用于交易的固定场所或者交易网络，投资者能够集中、公开进行叫价买卖的黄金市场。目前，世界上共有规模大小不等的黄金市场 40 多个。

黄金市场按交易类型和交易方式可分为现货交易市场和期货交易市场。全球的黄金市场主要分布在北美、欧洲和亚洲三个区域，北美以美国的纽约和芝加哥为代表，欧洲以伦敦和苏黎世为代表，而亚洲以中国香港和日本东京为代表。

(三) 黄金市场的特点

由于黄金自身的特殊性，与证券、外汇等其他金融市场相比，黄金市场主要有以下两个特点：

(1) 黄金市场很难出现庄家。因为黄金市场基本上属于全球性的投资市场，想要控制黄金市场，就等于要控制全球金融，无疑还没有哪家财团或机构有如此大的实力。而股票市场都是区域性的投资市场，存在人为操纵的可能性。黄金市场的这种特点为黄金投资者提供了较大的风险保障。

（2）黄金市场不受时间限制，可随时交易。由于黄金市场的全球性，因此它具有一体化的特征。从早上 9:00 开始，中国香港金市开始交易，直到第二天凌晨 2:30收市，接着伦敦金市开市，随后还有美国金市，因此交易不受时间限制。另外，黄金市场不像股市那样有涨跌停板的限制。

三、黄金理财产品

目前，黄金市场上的理财产品有许多种，主要包括实物金、纸黄金、黄金期货和黄金期权、银行发行的与黄金挂钩的理财产品等。

（一）实物金

实物黄金投资在我国由来已久，几千年前就开始盛行。广义上的实物黄金可分为具有纪念性、装饰性的实物黄金和投资性实物黄金，包括纪念性金条、金币以及各类黄金首饰制品，如“奥运金条”、“贺岁金条”、“熊猫金币”等。实物黄金的价格变动并不完全取决于金价的波动，影响其价格的因素还有收藏价值和艺术价值。因为实物黄金的加工成本较高以及回购不便，导致实物黄金的流动性欠佳，投资者并不能充分享受金价上涨带来的收益。因此，实物黄金并不是真正意义上的黄金投资品种。真正意义上的投资性实物黄金具有交易成本低、与金价保持正相关性及联动性等特点，如成都高赛尔金银有限公司的“高赛尔金条”、中金黄金的“中国黄金投资金条”等就属于这一类型。对理财者来说，实物金条的交易成本较高，交易手续不便捷，适合作为长线投资。

下面通过一个例子来了解高赛尔金条的买卖程序。假设小王今日上午 11:00 去银行购买了一条 2 盎司（1 盎司等于 31.103 5 克）的金条，高赛尔金银有限公司提供的卖价为 300 元/克，手续费 4 元/克，则小王需要支付的金额为：

$$(300+4)\times 31.1035\times 2=18\,911\text{（元）}$$

如果一个月后金价上涨到 310 元/克，小王卖出此金条，每克支付 2 元的手续费，此时小王可获得的现金为：

$$(310-2)\times 31.1035\times 2=19\,160\text{（元）}$$

即投资回报额为 249 元。

从上例可以看出，高赛尔金条的变现非常容易，而首饰投资会产生“高额折旧”。例如，你上午去金店购买首饰时可能是 300 元/克，下午再卖给金店，卖价可能只有 280 元/克，所以投资性金条更具有投资的价值。

（二）纸黄金

纸黄金是指客户不持有实物黄金，客户的权益只反映在账户上，客户通过在账户上进行买卖以赚取差价。投资者的买卖交易记录只在预先开立的黄金账户上体现，不发生实物黄金的提取和交割。中国银行的“黄金宝”、工商银行的“金行家账户金”、建设银行的“龙鼎金”个人账户金交易都属于此类范畴。

纸黄金业务根据国际黄金市场的波动情况进行报价，个人通过把握市场走势低吸高抛，以赚取黄金价格的波动差价。下面以中国银行的“黄金宝”为例，简要介绍纸黄金业务的特点：

（1）人民币报价。目前采用元/克的报价方式，买卖点差为 1 元，无其他手续费。

（2）交易时间。各分行的情况不同，经营时间有所不同，最长为每天 18 小时交易，涵盖国际上主要的黄金交易时间。

（3）交易方法。目前，投资者可以通过柜台服务人员、电话交易和自助交易方法进行交易。

（4）交易方式。投资者既可进行市场交易，又可进行委托交易。

（三）银行挂钩黄金类理财产品

火热的黄金市场成就了相关银行理财产品的高收益率。随着黄金价格在 2010 年屡创新高，银行理财市场也“不甘寂寞”，银行发行的黄金类理财产品较 2009 年增多，主要是与黄金现货、黄金期货或者黄金基金挂钩的结构性产品。这类产品并不是直接投资于黄金市场，通过赢得价差来获利，而是根据挂钩标的的价格表现加上产品设计的收益结构来确定理财产品的收益率。对部分不太熟悉黄金市场的投资者而言，这类理财产品的购买方便、风险度低，是一个合适的投资对象。

（四）黄金保证金

黄金保证金交易是指在黄金买卖业务中，市场参与者不需要对所交易的黄金进行全额资金划拨，只需按照黄金交易总额支付一定比例的价款，作为黄金实物交收时的履约保证。目前，黄金保证金交易分为黄金期货保证金交易和黄金现货保证金交易。黄金保证金交易的主要功能为：一是价格发现；二是套期保值；三是投机获利。价格发现是黄金期货交易的功能，黄金期货价格是黄金现货价格的未来体现。套期保值在期货保证金交易和现货保证金交易中都可实现，黄金套期保值是指金商为了规避未来金价不确定性变动带来的市场风险而采取锁定风险或锁定收益于当前值的市场操作手法。

黄金保证金交易是一把双刃剑，当用金商或产金商需要对现货进行规避市场风险的套期保值时，无须占用大量资金，只需支付一定比例的保证金，作为实物交割时的担保。这种交易手段减轻了市场参与者的资金压力，这是黄金保证金交易的优势所在。黄金保证金交易的缺点主要体现在它会带来很大的风险，投资者如果将套期保值数量盲目地投机放大，一旦决策失误，就会导致企业的重大亏损甚至破产。

（五）黄金期货

黄金期货是指以国际黄金市场未来某时点的黄金价格为交易标的的期货合约，投资人买卖黄金期货的盈亏是由进场到出场两个时间的金价价差来衡量，契约到期后采取实物交割的形式。世界上大部分黄金期货市场的交易内容基本相似，主要包括保证金、合同单位、交割月份、期货交割、佣金、日交易量、委托指令等。

黄金期货是期货交易，如同股票投资要到证券公司开户一样，黄金期货交易要到期货公司进行期货开户。黄金期货交易采取的是多空双向交易机制，黄金期货交易的标的物是含金量不低于99.95%的金锭。2008年，上海黄金交易所规定，每手黄金期货为1 000克。与股票交易不同的是，黄金期货交易实行的是T+0，也就是当天买进、当天就可以卖出。

（六）黄金期权

黄金期权是期权买方在未来约定的价位具有购买一定数量标的的权利，而非义务。如果价格走势对期权买方有利，则会行使其权利而获利；如果价格走势对其不利，则放弃购买的权利，其损失只是购买期权时的费用。买卖期权的费用由市场供求双方力量决定。

由于黄金期权买卖涉及的内容比较多，期权买卖投资战术也比较多且复杂，不易掌握，所以世界上的黄金期权市场并不多。黄金期权投资的优点也不少，如具有较强的杠杆性，以少量资金即可进行大额投资；如果是标准合约的买卖，投资者无须为储存和黄金成色担心；具有降低风险的功能等。

（七）黄金股票

黄金股票是股票市场中的板块分类，是黄金投资的延伸产品。黄金股票就是黄金公司向社会公开发行的上市或不上市的股票，也称金矿公司股票，如“中金黄金”、“山东黄金”、“紫金矿业”等公司的股票。由于买卖黄金股票不仅是投资金矿公司，而且还间接投资黄金，因此这种投资行为比单纯的黄金买卖或股票买卖更为复杂。投资者不仅要关注金矿公司的经营状况，还要对黄金市场的价格走势进行分析。

黄金的价格走势直接决定黄金公司的业绩，黄金价格走高，黄金上市公司的业绩会提高，黄金股票的投资价值就会提高，进而黄金股票的价格就会走高；反之，黄金价格走低，黄金上市公司的业绩会下降，黄金股票的投资价值就会降低，进而黄金股票的价格就会走低。另外，股票市场属于虚拟资本，而虚拟资本的弹性很大，因此黄金股票价格的弹性要大于黄金价格的弹性。也就是说，当黄金价格上涨的时候，黄金股票价格的涨幅要超过黄金价格的涨幅；当黄金价格下跌的时候，黄金股票价格的跌幅要超过黄金价格的跌幅。因此，黄金股票的投资者一定要密切关注、分析黄金价格的走势。

从长期来看，黄金价格依然有走高的趋势，但黄金价格有可能做随时的调整和振荡。由于黄金股票价格的弹性要大于黄金价格的弹性，因此短期内黄金价格的调整会对黄金股票价格有较大的影响。

不同类型投资者的投资策略是不一样的：对于长期投资者来说，应该分析黄金价格的长期走势，不要因为短期金价的调整而恐慌；对于短线投资者来说，要密切关注黄金价格走势，随时进行仓位调整。

（八）黄金基金

黄金基金是黄金投资的衍生工具，也是黄金投资共同基金的简称。黄金基金是由基金发起人组织成立，由投资人出资认购，基金管理公司负责具体的投资操作，专门以黄金或黄金类衍生交易品种作为投资媒体的一种共同基金。黄金基金由专家组成的投资委员会管理。黄金基金的投资风险较小、收益比较稳定，与我们熟知的证券投资基金有相同的特点。黄金基金分为开放式黄金基金和封闭式黄金基金。

四、黄金理财产品的优势

（一）黄金投资已成为广泛运用的理财手段

2008 年，由美国次贷问题引发的金融危机激起了一场金融海啸，全球股市呈现崩盘特征，商品市场价格巨幅下跌，外汇市场货币急剧贬值，其结果使黄金成为全球公开投资者、交易员和投机者最推崇的商品。在国际金融市场动荡的背景下，投资者纷纷买入黄金避险。从古到今，无论是国内还是国外，当人们遇到危机时，总会想到黄金这一永不贬值的保值资产。所以，俗话说："盛世藏古玩，乱世买黄金。"自 2001 年以来，黄金价格一路上行，2001 年约为 270 美元/盎司，2011 年 6 月已达到 1 500 美元/盎司，其表现远超股票和其他贵金属等投资产品，黄金的投资收益相当可观。

（二）黄金理财产品是投资多样化的不错选择

对很多家庭或个人来说，目前的投资渠道比较单一，因此常常会遇到"股票和基金行情不好，还能投资什么"的问题。房地产投资需要雄厚的资金，期货对专业知识的要求太高，在这种情形下，投资黄金理财产品就成了一种不错的选择。

（三）黄金投资的优点

与其他投资品种相比，黄金投资具有多方面的优势：

（1）具有税收优势。在各投资品种中，黄金算是税项最少的投资项目了。黄金投资交易过程中所包含的税收项目基本上只有黄金进口时的报关费用，股票投资要缴纳一定比例的印花税，而房产投资在购买不动产和出售不动产时都要缴纳一定的税金。这样算下来，它们都会减少投资的净收益。

（2）产权转移的便利。在大多数国家，任何人都可以从公开场合购买黄金，还可以像礼物一样进行自由转让，中间没有什么阻碍，而房产、股票和股权的转让都要办理过户手续，所以它们的产权流动性远没有黄金那么优越。

(3) 最好的抵押品种。当你遇到资金周转不灵的情况时，相应的解决办法通常只有两种：第一，举债；第二，典当。举债能否实现取决于你的信用，而用黄金进行抵押非常容易，相关的手续简便，而且获得的贷款比例高于股票和其他实物。

(4) 能保持久远的价值。不论是房产还是汽车，随着时间的推移都会发生一定程度的贬值，而黄金因为其本身的特性，即使会失去光泽，但其质地不会发生变化。由于黄金是一种恒久的物质，其价值又得到国际的公认，所以一直扮演着一个重要的经济角色。

(5) 对抗通货膨胀的最佳武器。较高的通货膨胀率会使以存款为主要方式的投资者的个人财产产生巨大损失。以我国为例，2011 年上半年我国消费者物价指数（CPI）平均涨幅为 5.4%，8 月份和 9 月份更是超过了 6%，而商业银行的一年期定期存款利率仅为 3.5%，通货膨胀十分明显，存款实际为负利率。黄金价格会随着通货膨胀而相应上涨，因此黄金投资是避免财产在通货膨胀中被蚕食的最佳办法。

(6) 没有时间限制，可随时交易。相对于股票等理财产品而言，世界性的黄金公开市场不设停板和停市，24 小时都可以进行黄金交易，投资者可以随时获利平仓和建仓，这样就使黄金投资更有保障。

表 10—1 展示了黄金投资与其他投资的区别。

表 10—1　　黄金投资与其他投资的区别

投资工具	价格波动	变现能力	潜在收益	交易成本	对投资者的要求	市场效率
房地产	视情况而定	差	较高	高	较高	较低
储蓄	极小	极强	低	低	低	高
有价证券	较小	适中	适中	较高	较高	低
期货	极大	较强	较高	较高	高	较高
黄金	较大	强	较高	较低	较高	高

第二节　影响黄金产品价格的因素分析

黄金是一种具有商品和货币双重属性的特殊物品，因此影响其价格变动的因素相对于一般的商品就要复杂得多。其中，决定和影响黄金价格长期走势的主要因素有黄金的供给和需求，当然还有其他因素，下面详细介绍。

一、供求关系对黄金价格走势的影响

(一) 供给因素

在需求量不变的情况下，黄金供给量的多少与黄金价格的高低呈反向变动：若黄金供给量增加，黄金价格下降；若供给量减少，黄金价格上涨。具体说来，影响黄金价格走势的供给方面因素主要有以下几个：

(1) 黄金的开采。黄金的开采和冶炼是直接增加市场黄金存量的唯一来源。第二次世界大战后，新生产的黄金量一直占世界黄金市场供应总量的一半以上，当时黄金储量和产量较多的国家主要有南非、苏联、加拿大、澳大利亚、美国和中国，特别是南非和苏联的产量较大，是黄金市场的主要货源之一。近年来，我国也加大了黄金开采力度，自 2006 年以来，我国黄金开采量已连续四年位居世界第一。

(2) 央行的抛售。黄金是重要的储备资产，各国官方机构（尤其是中央银行）都保有一定数量的黄金储备。据统计，目前各国中央银行持有的黄金储备总量已超过 40 000 吨，很多国家为了解决财政赤字问题，会将黄金抛售以换取货币，这样就形成了一个增加黄金供给的来源。一般来说，央行抛售黄金会打压金价，导致市场上的黄金价格下跌。

(3) 再生金。再生金是指回收之后经过提炼的黄金和民间流动的黄金，相对于前面两种来源渠道，再生金的供应更具有弹性，是黄金总供给中的次级供给来源。从多年的情况来看，世界上每年再生金的供给量占黄金总供给量的 15%左右。再生金的供给很容易在短期内形成，特别是民间藏金，因此在短期内能够对黄金价格变化产生明显的影响。

(二) 需求因素

在供给量不变的情况下，黄金需求量与黄金价格呈同方向变动：若黄金需求量增加，黄金价格上涨；若黄金需求量减少，黄金价格下跌。具体说来，影响黄金价格走势的需求方面因素主要有以下几个：

(1) 消费需求。消费需求也称工业需求，这是黄金需求中最主要的影响因素，包括首饰需求和其他工业需求。其中，首饰需求占 70%左右的比例。我国是世界第二大传统饰金消费国，仅次于印度。其他工业需求主要包括机械制造和电子工业等方面的需求。

(2) 投资需求和保值需求。投资需求是指投资者通过抛空黄金后再利用对冲交易而形成的黄金需求，它也是黄金市场需求来源的重要组成部分。保值需求是指通货膨胀条件下，私人购买黄金以避免纸币贬值的风险，这会导致黄金需求量增加，因此黄金价格会呈现上涨的态势。

(3) 中央银行的吸纳。中央银行一方面表现为黄金的供给方，另一方面又表现为黄金的需求方。中央银行从市场上吸纳黄金的目的主要有两个：一是投资目的；二是将黄金当做银行储备。这样就会增加市场需求量，导致黄金价格上涨。

二、其他因素对黄金价格的影响

除了上述市场供求关系对黄金价格的影响外，还有一些因素也会对黄金价格产生影响。

(一) 美元对黄金价格走势的影响

美元是研究黄金价格重要的参照物：美元贬值，金价就会上涨；美元升值，金价就会下跌。这是黄金市场在美元价值波动面前的典型表现。究其原因，其实很简单，因为全球黄金现货和黄金期货都是用美元来标价的，所以美元走软会让黄金在非美国投资者面前变得更便宜。具体的影响主要体现在：当美国经济发展状况良好、金融市场稳定并且通货膨胀率低的时候，就会加强人们对美元的信心，使人们增持美元而减少对黄金的持有，促使美元升值，导致黄金价格下跌；相反，美元贬值则导致黄金价格上升。

(二) 原油对黄金价格走势的影响

在世界金融活动中，“三金”［即黄金、黑金（石油）和美金（美元）］一直起着举足轻重的作用。原油价格与黄金价格一般呈正相关的关系，也就是具有同向性。原油价格上涨，人们担心出现通货膨胀，为了保值的需要，人们愿意购入黄金，于是造成黄金价格的上升；相反，黄金价格下跌。该过程可简单表示为：油价上升→美元购买力下降→美元贬值压力→美元持有者抛出美元→黄金需求量上升→黄金价格上涨。

(三) 股市对黄金价格走势的影响

作为投资市场，黄金市场与股票市场是具有替代性的，所以通常股市行情与金价呈负相关的关系。举例来说，如果股市下跌，则金价就会上升，这体现了投资者对经济发展前景的预期。股市下跌，大家普遍会看淡经济前景，这样股票市场就会有大量的资金流出，进而股市冷却，随之而来的就是金价节节攀升；反之，如果股市兴旺，大家会对经济前景持看好的心态，就会有大量的资金流入收益更高的股市，进而股市投资高涨，而金价将会下跌。

（四）国际政局对黄金价格走势的影响

一直以来，黄金价格对国际政治气候、政局动荡、战争等重大局势问题的变化十分敏感，国际政局的突变往往是短期内导致黄金价格剧烈动荡的最重要原因。不稳定的国际政局主要通过以下几方面直接或间接影响黄金价格。

（1）国际政治形势不稳定会造成信用货币稳定性的动摇，从而导致货币发行国的政府信用下降，人们为降低风险会增持黄金，于是引起黄金价格走高。

（2）国际政治形势不稳定会造成资源（如石油）供给的不稳定，导致黄金价格上扬。

（五）通货膨胀对黄金价格走势的影响

众所周知，黄金本身具有抵御通货膨胀的功能，原因在于黄金本身具有非常高的价值。黄金不只是价值的体现，而且作为贵金属，黄金也有其自身的价值。在通货膨胀的环境下，纸币和存款会贬值，而黄金的价值是永恒的。因此，在通货膨胀的情况下，黄金就会因其抵御通货膨胀的特性而受到投资者追捧，其价格也会明显走高。当然，影响黄金价格的因素还有货币政策、国际贸易等，这里不再赘述。

第三节　黄金理财产品的选择

一、黄金理财产品的选择

黄金理财产品的品种很多，就目前国内商业银行而言，主要还是以实物黄金与纸黄金形式为主，各种黄金理财产品的投资形式和风险程度不尽相同。所以，对于国内投资者而言，在投资黄金以前，需要深入了解黄金投资的主要形式和风险状况，从而谋定后动。

（一）实物黄金：适合中长线投资

据了解，目前在我国，实物黄金投资主要包括金条和金币两种形式，其中金币还分为升水较低的熊猫金币和升水较高的纪念金币。

开创我国金条投资先河的是由中国金币总公司发行的“千禧年金条”，该金条于1999年底一举发行成功，具有良好的社会投资效应，以中国金币总公司开发的金条产品为主导的金条投资现在已是一个重要的实物黄金投资形式。金条作为财富储藏的工具，在交易时较为形象直观，其升水比金币要低；金条的缺点是兑现难、交易成本高。

熊猫金币的规格简单、含金量明确、价值易计算、买卖交割方便，其规格一般为1盎司、1/2盎司、1/4盎司、1/10盎司、1/20盎司五种。此外，熊猫金币的升水较低，投资和礼品需求比较大，投资熊猫金币既可以享受黄金价格上涨带来的投资收益，又可以作为礼品馈赠。纪念金币的投资价值主要取决于两点：第一，纪念金币的材质是黄金，这就决定了纪念金币作为一种黄金产品具有不菲的身价；纪念金币还是一种特定的黄金衍生品，其艺术价值和限量发行的特点，赋予了黄金更丰富多彩的内涵和生命力。第二，纪念金币的发行具有严肃性和权威性，其发行机构是国家货币发行机构——中国人民银行。纪念金币的升水一般较高，以收藏为主，经过收藏和礼品的消耗沉淀也可以升值，但一般不适于较大资金的短期投资。

与纸黄金相比，实物黄金投资最大的特点是可以提现。一般情况下，在成交后，投资者可自由选择两种投资方式：一是将黄金存放在市场中，比照“纸黄金”方式参与投资；二是可提取实物黄金，但提取后的实物黄金再想入市交易就要经过非常复杂的检验程序，因此原则上提现后的黄金不再入市。实物黄金以实物为基础，其盈利完全依赖于价格波动，投资者凭活期人民币账户可以跟随国际黄金市场的价格波动情况，进行低买高卖，以赚取差价。实物黄金的特点决定其适合有长期投资、收藏和馈赠需求的投资者。由于涉及保管成本、鉴定费用等问题，实物黄金投资需要买入和卖出的价差相对较大才能获利，因此短期操作也许并不能获得期望的收益率。

对于投资实物黄金来说，投资者要选择适当的时机购买，不要盲目追高，在价位高、异常上涨时要规避投资。同时，目前国内的黄金回购渠道还不畅通，导致黄金变现能力下降，而变现能力强应该是黄金投资的优势，因此投资者最好选择有回购服务的银行或者金店购买。

（二）纸黄金

门槛低、方便快捷的纸黄金业务是一种在商业银行开设黄金账户和资金账户，通过电子交易，利用资金账户内的资金买入一定数量的黄金，然后存入黄金账户，并由商业银行托管；如需变现，则卖出黄金账户内的黄金，取得现金转入资金账户。由于这种形式的黄金投资只依据黄金价格而不涉及实物黄金，只通过电子交易而不进行实物交割，所以称为纸黄金业务。纸黄金业务的全过程不发生实金提取和交收的清算交割行为，从而避免了交易中的成色鉴定、重量检测等手续，省略了黄金实物交割的操作过程。所以，对于“炒金”者来说，纸黄金的交易更为简单便利，获利空间更大。

在业务操作上，与个人实盘外汇买卖相似，目前纸黄金采用元/克的报价方式，买卖点差为1元。在交易中，银行与个人投资者之间不发生实金提取和交收，因此纸黄金交易实质上是一种权证交易方式。

纸黄金业务自2003年11月由中国银行试点以来，发展非常迅速。由于买卖方便、变现迅速，纸黄金已成为居民投资理财的一种常用金融投资工具，目前许多机构的资金也积极介入这种黄金投资业务。迄今为止，中国银行、中国工商银行、中国建设银行都开办了纸黄金业务，一般都以克为单位投资，买卖起点从10克开始不等，买卖价格依据上海黄金交易所的挂牌价格，买入和卖出手续费均为0.5元/克。

（三）黄金衍生品：风险差异较大

目前，在我国商业银行的人民币以及外汇理财产品中，有一部分理财产品是与黄金投资相关的黄金类理财产品，这类理财产品的特点是由商业银行面向社会公众推出理财产品，将社会公众资金集合后，由专业人士进行黄金或与黄金有关的投资。

这类理财产品大多提供了本金保障的承诺，因此投资者不用担心本金的损失，最差的情况是产品到期拿不到利息，但本金可以保住。与本金没有保证的黄金买卖（如“黄金保证金交易”）相比，这类理财产品确实能吸引大部分风险承受能力较低的投资者，但它的收益率有上限。目前，市场上的黄金类理财产品不算太多，年收益率限制在6%左右，期限从半年到一年不等。对部分不太熟悉黄金市场的投资者而言，这类理财产品的购买方便、风险低，是一个合适的投资选择。

此外，风险与收益更高的“黄金保证金交易”，在继实物金和纸黄金等现货金交易之后，成为黄金投资者新的投资渠道。

与实物黄金交易相比，这种交易方式的突出优点是费用低、门槛低、投资T+D、不必交纳仓储费和保管费，而且可以利用保证金的杠杆效应，以小博大，获取全额利润。与纸黄金相比，虽然黄金保证金交易炒的也是“虚拟金”，但两者不同的是，银行“纸黄金”必须全额交易，即投资者如果要买100克黄金，账户里必须有足够的现金。黄金保证金交易是一种杠杆交易，投资者只需缴纳10%～20%的保证金，就可以下单进行100%金额的交易，然后在约定日期把余款补齐，实际是暂时把可用的资金量放大了5～10倍。在约定的交款日之前，投资者还可以做一笔反向交易，从而只赚取交易差价，不进行交割。黄金保证金交易更适合个人短线投资。

（四）黄金挂钩类理财产品

对于黄金挂钩类理财产品，投资者必须根据产品交易结构，分析金价的走势及路径，估算出理财产品的最终收益，而这些必须建立在对黄金价格每日走势的判断上，其难度大大超过了实物黄金投资。投资者除了要对黄金市场的未来发展趋势有所预估外，还要了解清楚产品设计的收益结构，看其结构是属于看涨型、看跌型、区间型还是其他类型，这样才能获得较为理想的理财收益。

二、黄金产品理财分析

（一）价格分析是黄金理财最核心的工作

本章较为详细地分析了影响黄金价格的主要因素，投资黄金的目的就是为了获利，而获利的主要渠道就是赚取差价，因此能否正确判断黄金的价格走势就成为能否获利的关键步骤，这也是黄金投资的核心工作。在进行价格分析时，投资者要善于对黄金供给和需求的各种历史数据进行研究，比如中央银行对黄金储备的态度、世界主要黄金生产国的黄金产量变化及主要黄金消费国的消费特点和趋势等，从中找出变化的规律，以正确判断黄金的价格走势。

（二）培养好心态是成功的关键

黄金市场是一个零和博弈市场，部分投资者的获利来自于其他投资者的亏损，博弈的最后拼的就是心态。在投资时切忌贪婪、急躁和情绪失控，这很容易让自己忽略市场走势，进而导致错误的交易决定。

（三）运用模拟账户，学习保证金交易

对于初学者来说，要耐心学习、循序渐进，切忌急于开立真实交易账户，应多运用模拟账户进行学习，以确定个人操作策略和技巧，待操作熟练、基本功扎实后再开立真实交易账户进行交易。

（四）从小额交易开始

黄金产品投资一定要从小额交易做起，并且选择价格波动较为平稳的品种介入，逐渐掌握交易规律，当经验积累到一定程度时，再增加交易规模，并选择价格波动较剧烈的产品。

（五）量力而行，不要同时交易多个品种

黄金理财必须考虑自己的资金实力，要尽量做到“闲钱投机，赢钱投资”，当盈利超过刚开始投入的本金时，最好把本金抽回，利用盈余资金继续投资。另外，投资者对各个品种的熟悉程度还是有很大差异的，不可能都熟悉，而多个品种同时出现投资机会的可能性也很小，因此投资者应选择自己较为熟悉的品种进行交易。

思考与练习

一、单项选择题

1. 相对于股票交易来说，黄金交易的交易成本（　　）。

A. 较高　B. 较低　C. 一样　D. 不确定

2. 金币属于(　　)。

A. 实物黄金　B. 纸黄金　C. 黄金期货　D. 黄金期权

3. 在通常情况下，股市行情和金价表现为(　　)关系。

A. 正相关　B. 负相关　C. 零相关　D. 不相关

4. 黄金股票的弹性一般比黄金的弹性(　　)。

A. 大　B. 小　C. 相同　D. 不确定

5. 对于黄金市场来说，中央银行(　　)。

A. 只是需求方　B. 只是供给方

C. 没有关系　D. 既是需求方，又是供给方

6. 实物黄金最大的特点是(　　)。

A. 可以提现　B. 收益较高

C. 风险较大　D. 交易成本高

7. 在一般情况下，若美元贬值，金价就会(　　)。

A. 上涨　B. 下跌　C. 不变　D. 无影响

8. 黄金理财最核心的工作是(　　)。

A. 价格分析　B. 时间分析

C. 财务风险　D. 风险分析

二、多项选择题

1. 黄金投资市场的风险具有(　　)的特点。

A. 广泛性　B. 客观性

C. 可预见性　D. 相对性和可变性

2. 影响黄金价格变化的主要因素包括(　　)。

A. 供求关系　B. 美元　C. 股市行情

D. 通货膨胀　E. 国际政治局势

3. 黄金需求包括(　　)。

A. 消费需求　B. 投资保值需求

C. 中央银行吸纳　D. 中央银行抛售

4. 纸黄金的交易方式有(　　)。

A. 市场交易　B. 委托交易　C. 电话交易　D. 柜台交易

5. 与实物黄金交易相比，黄金保证金交易具有(　　)的优点。

A. 门槛低　　B. 费用低

C. 风险小　　D. 收益大

三、判断题

1. 一般来说，石油价格上涨会导致黄金价格下跌。(　　)
2. 黄金交易的成本比股票的交易成本要高。(　　)
3. 黄金的投资风险只在流通环节。(　　)
4. 黄金天然就具有货币的属性。(　　)
5. 黄金保证金交易更适合短线投资。(　　)
6. 在供给量不变的情况下，黄金需求量与黄金价格呈同方向变动。(　　)
7. 黄金交易基本上没有时间限制。(　　)
8. 纸黄金实质上是一种权证交易方式。(　　)

四、案例题

王小姐是已参加工作两年半的大学生，月工资 3 500 元左右，为了买房不得不做些理财投资。由于自己的投资款项基本来自借款，这就要求投资的稳定可靠。幸运的是，王小姐是一个理性的投资者，她善于利用做投资的朋友的经验、相关信息以及技术分析，能够确保预测的准确性大于67%，这样每天就能在合理价位进场交易。为了稳妥起见，王小姐每次只做 0.5 手（相当于投资 500 美元）。在一周里面，王小姐基本上可以 3 天盈利、2 天亏损（每周五个交易日）。王小姐每天的投资情况见下表。

时间	星期一	星期二	星期三	星期四	星期五
盈利	＋3.9 美元	＋2.7 美元			＋3.3 美元
亏损			－3.8 美元	－2.9 美元	

由上表可知，王小姐一周的盈利是 3.2 美元，0.5 手黄金可以盈利

3.2×100 ＝320（美元）

＝2 560（元人民币）

请分析王小姐投资取得盈利的主要因素是什么?

第十一章

房地产理财

【学习指导】

通过本章的学习，学生应理解房地产投资的概念及特点，了解影响房地产价格的主要因素，掌握房地产投资的资金安排，能对房地产投资做出较为恰当的选择。

第一节　房地产投资的基本知识

一、房地产的特性和种类

房地产是指土地、建筑物以及固着在土地或建筑物上不可分离的部分和附带的各种权益。房地产与个人的其他资产相比有其自身的特性，主要包括位置固定、使用价值耐久、不可分割、土地资源的有限性和整体价值的增值性等。

对一般的投资者来说，房地产意味着各种类型的房屋。在美国，房地产主要包括以下几项：

（1）单一家庭住宅。单一家庭住宅是指独立地供一个家庭使用的住宅，该住宅所占土地完全为屋主所有。这种住宅在中国一般称为别墅，能显示拥有者的财富与地位。

（2）公寓。公寓是指一个大型房地产项目中的一套单元，产权独立，但土地由该地产项目中全部公寓的所有者共同拥有。

（3）合作单元住宅。合作单元住宅是指一幢楼房由住户共同持有股份的公司所有，每个住户按照在公司的股份比例，从公司租入居住的单元。

中国房地产市场形成的时间不长，具有浓厚的转轨经济色彩。从性质上划分，中国的房地产有多种类型，主要包括：

（1）商品房。商品房是指房地产公司在取得土地使用权后开发销售的房屋。购买商品房拥有独立的产权，土地使用权通常为40～70年。商品房的价格由市场供求关系决定。根据销售对象的不同，商品房又分为内销商品房和外销商品房。外销商品房的销售对象为境外的公司或个人，其价格比内销商品房相对高些。

（2）安居房、解困房和经济适用房。安居房是指为实施国家“安居工程”而修建的住房，是政府为了推动住房制度改革，由国家安排贷款和地方自筹资金，面向广大中低收入家庭而修建的非营利性住房。

解困房是指在实施“安居工程”之前，为解决本地城镇居民的住房困难而修建的住房。

经济适用房是指政府部门协同房地产开发商按照普通住宅建设标准建造的，以建造成本价向中低收入家庭出售的住房。

（3）房改房。房改房是指国家机关、企事业单位按照国家有关规定和单位确定的分配方法，将原属单位所有的住房以房改价格或成本价出售给职工的住房。职工购买房改房时享有政策优惠，但在进入市场出售时有限制，需持有一定时间后方可出售或需补交地价款。

二、房地产投资的优点

投资者为寻找有吸引力的投资机会，经常把注意力转向房地产。他们可能会进行土地投资，也可能购买能产生未来预期收益的房产，还可能购买房地产投资信托基金（REIT）。当然，最终进行哪一种房地产投资取决于投资者希望从投资中得到什么样的回报；或者说，取决于他认为哪一种回报形式对他更重要，是租金还是资产价值的升值。那么，是什么吸引投资者将手中的资金投向房地产市场呢？这应该从房地产投资特有的优点加以考察。

（一）现金流和税收

在美国，对于投资房地产的投资者来说，其取得的现金流或税后收入不仅依赖于某项资产的价值，还依赖于折旧和税收。因此，具有较大折旧额的资产可以抵消投资者的部分应税收入。这是因为房地产通常会随时间的推移而毁损，而折旧为资产所有者提供了一个补偿这部分毁损价值的津贴。折旧费用可作为一项现金流出，在纳税之前从收入中扣除，从而减少了资产所有者的税收支付，因此折旧费用可视为一种税盾（tax shelter）。但是，折旧费用是有一定限额的，而且只有收入达到一定水平的投资者才可以使用这项优惠。

（二）价值升值

某些类型房地产（特别是土地）的升值非常快。从美国的历史看，总的来说，在 20 世纪 70 年代的大部分时间和 80 年代的一部分时间，房地产投资是一项相当有利的投资。在那个时期，房地产投资是很少的几项投资收益率可以持续超过通货膨胀率的投资之一。当每年通货膨胀率维持在 10％～15％时，大部分房地产投资的收益率保持在 15％～20％，有的甚至更高。虽然后来伴随着通货膨胀率慢慢回落到正常水平，美国大部分地区的房地产市场泡沫破裂，但部分地区的房地产市场价格仍保持在高位，并且保持了一定的增长速度。对于其他类型的房地产（如公寓）来说，同样有着升值的过程。因此，对一项房地产的估价，不仅应当包括对来自资产的现金流收入的折现，还应该估计到资产价值的升值。在很多例子中，房地产升值对房地产回报率的影响要远超年度净现金流的影响。

（三）使用财务杠杆

此外，房地产投资的魅力还来源于高财务杠杆率的使用。财务杠杆意味着通过借入资金来使收入最大化。由于房地产是一种实物资产，因此投资者被准许以所购买的房地产作为抵押，借入房地产购买成本 75％～90％的款项。所以，如果投资的总收入高于借款的成本，则这种杠杆投资的资产净收益将会高于没有使用杠杆的同类投资。下面看一个例子：投资者 A 计划进行一项房地产投资，其成本为 100 万元。投资者 A 有两种选择：一是使用财务杠杆（以年利率 10%借入 90 万元）；二是不使用财务杠杆。若投资的息税前收入（EBIT）假定为 13 万元，适用税率为 28%（按美国税法），在上述两种选择下，他的财务状况如表 11—1 所示。

表 11—1　房地产投资案例财务杠杆使用情况　单位：元

	不使用杠杆	使用杠杆
所有者投入额	1 000 000	100 000
借款额	0	900 000
总投资	1 000 000	1 000 000
息税前收入（EBIT）	130 000	130 000
减项：利息	0	90 000（利率为 10%）
税前收入	130 000	40 000
减项：所得税（税率为 28%）	36 400	11 200
税后收入	93 600	28 800
投资回报率=税后收入/所有者投放额	9.36%	28.8%

显然，在使用财务杠杆后，投资者的投资收益率远超没有使用财务杠杆的情形。

第二节　房地产估价及影响因素

房地产价格是其价值的货币表现形式，即在土地开发、房屋建造和经营过程中，凝结在房地产商品中的活劳动与物化劳动价值量的货币表现。

一、房地产价格的构成

房地产价格的基本构成要素如下：

（一）土地价格或使用费

土地所有权转让或使用权出让的价格在房地产中占很大的比重。由于房地产具有不可移动性，这一特性导致了房地产价格因土地资源相对稀缺程度的不同而存在很大差异。即使是相同建筑质量的房地产，其价格也会因为房地产所处区位的不同而存在明显差异。

（二）前期开发工程费

前期开发工程费主要包括征用土地的拆迁安置费、勘察设计费、项目论证费，在中国还有“三通一平”基础设施建设费等。“三通一平”是指临时施工道路、施工用电、施工用水的配置和平整施工场地。

（三）建筑安装工程费

建筑安装工程费是指房地产建筑的造价，是房地产价格的主要组成部分。建筑安装工程费主要由主体工程费、附属工程费、配套工程费和室外工程费构成。

（四）开发管理费

开发管理费由房地产开发企业的职工工资支出、广告费和办公费构成。

（五）房地产开发企业的利润和税金

对于由市场定价的商品房来说，房地产开发企业的利润率是不固定的，它取决于企业的经营管理水平。我国对于由政府定价的安居房、解困房等，将其利润率限定在5%以内。税金包含房地产交易的契税和房地产开发企业的所得税等。

二、影响房地产价格的因素

房地产市场的价格水平既受到上述成本与费用构成的影响，同时也是其他众多因素相互作用的结果。这些因素包括：

（一）社会因素

社会因素包括社会治安状况、人口密度、家庭结构、消费心理等。例如，人口密度高的地方对住房需求多，价格也较高；家庭结构趋于小型化增加了家庭单位数量，从而引起了住房需求的增加，也会抬高住房的价格。人们消费心理的变化同样影响着房地产的设计和开发建设，当人们的消费心理倾向于经济实用型的时候，房地产的设计和开发都会以降低成本和售价为目标。当人们的消费心理趋于舒适方便时，房地产开发更为注重功能的完善和居住环境的美化。虽然这会增加开发成本，但同时也提高了售价。

（二）政治因素

政治因素是指会对房地产价格产生影响的国家政策法规，包括房地产价格政策、税收政策、城市发展规划等。例如，目前中国政府正通过制定政策法规致力于减少房地产开发和交易过程中的各种不合理收费，从而降低住房价格，使之与广大居民的收入相匹配。

（三）经济因素

经济因素包括宏观经济状况、物价状况、居民收入状况等。例如，当经济处于增长期时，社会对房地产的需求强烈，其价格也水涨船高。当经济处于萧条期时，社会对各种房地产的需求减少，价格自然会下降。物价水平和居民收入水平也与房地产价格呈同向变动。

（四）自然因素

自然因素包括房地产所处地段的地质、地形、地势及气候等。例如，地质和地形条件决定了房地产基础施工的难度，也就是投入的成本越大，开发的房地产价格越高。气候温和适宜、空气质量优良的地域，其房地产价格也会比气候相对恶劣的地域高。

（五）区域因素

区域因素包括交通状况、公共设施、配套设施、学校、医院、商业网点、环境状况等。例如，地处交通便利城区的房地产价格较高，交通不方便的郊区房地产价格偏低。对于商业房地产来说，区域因素尤其重要。繁荣商圈区域内的房地产价格高昂，因持有这些区域的房地产而取得的租金收入不菲。

（六）个别因素

个别因素是指影响某个房地产项目的具体因素，包括建筑物造型、风格、色调、朝向、结构、材料、功能设计、施工质量、物业管理水平等。功能设计合理、施工质量优良、通风采光好和良好的朝向等因素都会相应地在房地产价格上体现出来。

三、房地产的估价

正确估计房地产的价值，对于房地产投资有着非常重要的意义。投资者都希望自己的投资能够得到良好的回报，但面对千变万化的市场价格，选择什么样的购置时机就显得格外重要。如果投资者事先对某项房地产的价值进行了合理判断，那么他就可以在该项房地产的市场价格低于其价值时购买，从而保证未来取得增值收益。

前面介绍了一些影响房地产市场价格的因素，下面将介绍现金流贴现法及相关的估价模型在计算房地产价值方面的应用。

（一）现金流贴现估价

任何产生现金流的资产价值都是其预期未来全部现金流的现值总和。现金流贴现估价模型（如红利贴现模型）能够用于金融资产的估价，同样也可以用来对房地产进行估价。在应用现金流贴现估价模型对房地产投资进行估价时，投资者应该做到以下两项：

（1）计量房地产投资的风险，并且基于此风险水平选择一个合适的贴现率。

（2）在资产的经济生命期内估计房地产投资的预期现金流。

下面针对这两个问题的解决展开论述：

（1）贴现率。计量实物投资的风险具有某些特殊性，下面介绍一些可用来估计风险参数的方法。

在分析金融资产价值的基本模型——资本资产定价模型（CAPM）中，任何资产，不论是实物资产还是金融资产，其系统性风险都被定义为资产收益方差中通过分散投资不能被减少的那部分风险。这种风险在资本资产定价模型中用市场因素的β值来度量。推导这个模型所用的假设前提是，资产的投资者已进行了很好的分散投资，并且风险是用收益率的方差来度量的。

但是，由于包含房地产的市场投资组合的收益率很难计算，所以这里介绍一些可用来估算风险参数的方法。

1）一种房地产投资的风险可以通过对其收益率与综合市场有价证券的收益率

做回归分析求得。这种方法存在的问题是，房地产的收益率只能在较长时间（一年或一个季度）才能得到。

2）房地产需求在某些情况下属于一种派生需求。例如，商业区的价值取决于零售空间的价值，而零售空间的价值取决于经营的好坏。在这种情况下，可以说商业区的风险参数应该与公开交易的零售店的风险参数相关联。当然，我们还要根据经营和财务杠杆的不同加以调整。

（2）估计现金流。并不是所有的房地产投资都会产生现金流。对于那些产生现金流的房地产，可以用类似于金融资产估价的方法估计它们的现金流，最终目的是估计税后现金流。与金融资产估计相同，我们可以得到房地产权益资本的现金流。权益资本现金流是指扣除所有的经营费用、债务成本（支付的利息费用和本金）和资本支出后的剩余现金流。同理，我们也可以估计房地产产生的整体现金流，它与公司现金流类似，是支付债务成本之前的现金流。

很多房地产投资的现金流形式为租赁收入或租金收入，因而我们能够运用现金流贴现模型进行估价。在估计现金流时，需要注意以下几点：

1）现金流入。房地产投资的现金流一般表现为租金和租赁收入。在估计未来的租金时，投资者必须考虑的因素包括过去的租金变化趋势、房地产供需状况和宏观经济环境。此外，对于租金限制法律对租金提高的影响，投资者也必须加以考虑。

办公或多户合租居民建筑在某些时期有可能存在未出租的空闲空间，因此空闲率（即在某一时刻未出租空间所占百分比）必须与市场租金一起作为考虑的因素。即使在市场需求很旺盛的时候，也可能存在未出租的空间，从而导致一定的空闲率。

对于一栋新的建筑来说，在估价时还要考虑需要经过多长时间才可以对外出租。很明显，需要的时间越久，房地产预期产生的现金流越少。

2）现金流出。房地产投资的费用包括固定费用和变动费用两种。固定费用是指与有无居住者无关的费用项目，如财产税、保险、修理、维修和广告费用等。变动费用是指与有无居住者直接相关的费用项目，如水电费用等。

此外，下列因素也会影响预期的费用：

①可补偿性。租约中可能规定居住者应支付的、与房地产相关的一些费用。

②费用上限。很多办公出租合约中都有相关的条款规定，经营费用的增长不能超过某一既定水平，以保护业主利益。任何超过合约规定水平的费用应该由承租人支付。

3）预期增长率。在估计现金流时，一个关键因素是租金和费用的预期增长率。

决定预期增长率的要素是预期通货膨胀率。在一个稳定的房地产市场中，现金流的预期增长率应该接近于预期通货膨胀率。在一个低空置率的市场中，租金的增长率有可能高于预期通货膨胀率，至少持续到市场短缺的情况消失以后；反之，在一个高空置率的市场中，租金的预期增长率有可能低于预期通货膨胀率。

4）期末价值。在所有的现金流估价模型中，一个关键数据是被估价资产的期末价值。现在，有两种方法能够用来估计资产的期末价值。

第一种方法，假定资产的当前价值按照预期通货膨胀率增长，最终达到期末价值。因此，如果预期通货膨胀率是3%，那么当前价格为100万元的房产在10年后的价值将是134.4万元（$=100\times1.03^{10}$）。

第二种方法，假定最终年份（投资期的最后一年）的现金流将按照一个稳定的比率增长下去。如果这一假设成立，资产的期末价值为：

$$\text{资产的期末价值}=\frac{\text{预期 } CF_t+1}{r-g}$$

式中，r 为折现率；CF_t 为第 t 年的现金流；g 为永续增长率（即预期在未来保持不变的增长率）。

（3）现金流贴现估价模型。一旦估计出现金流，选定贴现率，随后就可以进行房地产估价了。

$$V=\sum_{i=0}^{N}\frac{CF_i}{(1+r)^i}$$

（二）可比/相对估价

房地产投资也可以采用标准化的价值尺度或可比资产进行估价。这样做的理由有三点：第一，它提供了一种对不产生现金流的资产的估价方法。例如，一座购买后用于居住的居民住宅，其价值可以参照同一地区相似的资产来估价。第二，它注意了许多由于各种原因而在现金流贴现模型中没有考虑的市场变化趋势。当市场价值升高时，租约可能会锁定租金的支付，并且租金限制法律也会妨碍租金随市场价值的上升而上升。第三，可比资产估价要比使用现金流贴现估价模型容易得多，因为它不需要（至少是不需要明确指出或估计）贴现率和预期现金流。

（1）可比资产。所有基于可比资产的估计方法的关键是如何定义“可比”。以股票为例，股票增长率、风险以及红利支付比率的区别必须在比较市盈率之前进行调整。很多分析员之所以选择属于同行业的股票进行比较，目的就是保持其相对的同质性。对于房地产来说，在比较之前，其规模、入住率、场所、建造时间以及建筑质量之间的差别都应该被考虑在内。一些调整是直接而客观的（如大小的区别），但另一些调查则是主观的（如场所的差别）。

（2）用标准化的价值。当基于可比资产进行估价时，出于比较的目的，必须对价值进行标准化。对于股票来说，这种标准化是用每股价格除以每股收益或每股账面值来实现的。对于房地产来说，最简单的标准化尺度就是单位面积的价格。

第三节 个人支付能力评估及财务决策

一、目标和需求分析

房地产投资计划的第一步是建立客户期望的目标和需求，这要通过数据收集和分析来明确。在有些情况下，财务策划师应有技巧地指出被客户忽略的事项。客户对住房的需求取决于许多因素，如年龄、收入水平、子女多少等。

房地产投资计划的最终目的是提供平衡的过渡和对资产的优化配置。对财务策划师来说，这也是最困难的挑战，因为客户的需求和期望时常在变化。例如，一个40岁、已婚、有3个子女的客户，打算离开政府部门到私人企业工作，其对房地产的投资计划就得考虑私人企业的情况、合伙人、税收的减免等。然而，如果该客户在10年内离婚了，重新娶妻生子，财务策划师提供的建议将完全不同，唯一相同的是需要恰当应对客户不同时期的不同收入和资产结构。因此，保持房地产投资计划的灵活性应放在重要位置。

客户的需求随年龄和家庭环境而变化。在达到工作年龄之前，客户只有最低的房地产需求，这是因为他们大部分的需求是由其父母或监护人满足的。达到工作年龄后，客户开始积累资产和私人关系。只有到了一定年龄，资产和负债的意义才更重要，而且那时的客户可能开始关注长期的“责任”。责任是指那些在未来可能发生的，并能合理预测和计算的成本或费用。在人的一生中，这些责任会随着年龄和期望而发生变化。例如，一对年轻且没有孩子的夫妇，购买了一套价值12万元的住房，其中按揭贷款10万元。当妻子因为某种原因无法工作时，丈夫的责任将立即增加。两年后，他们有了两个孩子，并打算将来将孩子送入私立学校就读。这样一来，虽然该夫妇的负债并没有增加，却产生了将来负担孩子教育的责任。20 年后，孩子长大了，住房按揭贷款还清，该夫妇就没有了债务，也很可能不再有任何责任。通过这个简单的例子，我们可以看出债务和责任在一生中的变化。任何房地产的投资策略都必须灵活地应对这些变化。

二、个人投资房地产的动机分析

投资房地产是一项周期长、资金数额大的投资行为，事前需要进行仔细的评估和计划。购买房地产是用于消费还是用于投资，或者是两者兼顾，这种动机上的不同会带来房屋选择上的差别。

（一）用于消费

对于一般客户来说，投资住宅类房地产首先是满足自己的居住需求，这是纯粹的消费需求。为了提高居住质量，客户可以选择已形成或即将形成一定居住氛围的环境和条件，如地理区位优越、周边环境舒适、服务设施齐全、交通便利、物业管理完善等。

（二）用于租赁

如果投资的目的是获取租金收入，可购买容易出租给单身或流动人口的小型住宅或者购买适宜出租给经营者的沿街店面、商场和办公楼。在有大量流动人口的大城市中，小型住宅的需求较大。这是因为需要租房的个人一般支付能力不高，小型住宅由于租金相对便宜，因而符合市场需求。此外，用于商业经营的沿街店面和商场租金较高，而且在经济增长期呈上涨趋势，应该是较好的投资选择。当然，投资沿街店面、商场所需资金较多。对于有实力的个人，投资位于繁华金融区和商业区的办公楼物有所值，这些地段的办公楼租金相当高昂，但在经济衰退期同样存在贬值的风险。

（三）用于投机

如果是为了获取价差收入，投资者可购买房价相对便宜，但未来规划前景理想、有升值潜力的住宅或店面来赚取买卖差价。显然，投资者要想在房地产市场上获取价差，必须信息充分、经验丰富、决策科学，而且要行动果断。例如，投资者可以在房地产拍卖市场寻找机会购入低价房屋，再通过二级市场出售获利。

（四）用于减免税收

在发达国家，政府为鼓励居民置业，通常都规定购房支出，主要包括房产税、每月需要归还的按揭贷款和利息等，可以用来抵扣个人应纳税的所得收入。我国上海也出台了购房支出可用于抵扣应缴个人收入调节税基数的规定。在有税收抵扣规定的城市，投资者购买房地产的税收好处是显而易见的。

三、个人支付能力评估

投资房地产前必须正确估量个人资产，再根据需求和实际支付能力来综合考虑具体选择哪一种房地产投资计划。

（一）个人净资产

估算个人支付能力的核心是审慎地计算个人的净资产。个人净资产是个人总资产减去个人总负债的余额。

个人总资产是指个人拥有的所有财富，包括自用住宅、家具、艺术收藏品、交通工具、现金、债券、股票等。其中，有些固定资产（如住房、家具）应该以能够脱手变现的价格加以计量。取得这类资产是为了让你和家人可以长期使用和享受，所以自住性的房地产属于个人资产，不属于长期投资。就财务策划的观点而言，自住以外的房屋或土地只有在以赚取租金收入或将来的差价为购置目的时，才算是投资性房地产。

个人总负债是个人应偿还的债务，包括按揭贷款、汽车消费贷款和其他短期借款等。对于普通工薪阶层，实际总负债额不宜超过 3 个月家庭日常支出总和。

对中国的工薪阶层来说，个人资产中还包含已缴存的住房公积金。住房公积金是职工在其工作年限内，由职工本人及所在单位分别按职工工资收入的一定比例逐月缴存至职工个人住房公积金账户的资金。该项资金全部归职工个人所有，由政府设立的公积金法定机构统一管理，用于以贷款形式支持职工买房。

（二）个人综合支付能力评估

确定个人投资房地产的综合支付能力时，不仅要看个人的净资产，还要分析个人的固定收入、临时收入、未来收入、个人支出和预计的未来支出。关于个人收入和支出的详细计划，前文已有详尽的介绍，在此不再赘述。

如果个人的净资产为正数，首先，投资者要确定能用于投资房地产的资金数额。然后，再根据自己家庭月收入的多少及预期，确定用于购买房地产、偿还银行按揭贷款本息的数额。投资者最基本的原则仍然是量力而行，既要满足个人的房地产投资需求，同时又不会带来沉重的债务负担。

例如，某客户的净资产中可用于购买房地产的金额为 10 万元，家庭月收入 10 000元，月平均日常支出 4 000 元，其他投资支出 2 000 元，预期未来收入保持平稳，则该客户投资房地产的支付能力为 10 万元首付款，月平均可偿还银行按揭贷款本息的最大数额为：

$$10\,000-4\,000-2\,000=4\,000(\text{元})$$

据此，财务策划师可以建议该客户购买总价值 50 万元的房地产，首付 20%为 10 万元，其余 40 万元可以申请银行按揭，以每月归还 4 000 元为限。但是，如果该客户对未来的收入感到不确定，就需要降低投资房地产的总价值。

四、投资房地产的财务规划

个人在确定房地产投资的目标后，应对自己的财务状况进行分析，在保障自己有一定财务弹性的情况下，以储蓄及缴纳利息的能力估算所能负担的房屋总价以及每个月能够承担的费用。购房开支除房款外，还要缴纳契税、印花税、房屋买卖手续费、公证费、律师费等各种费用，加总上述费用，就可以得到家庭在还贷期间总的资金需求，也就是购房规划要实现的财务目标。

（一）购房财务规划的基本方法

（1）以储蓄及还贷能力估算所能负担的房屋总价，需要考虑以下方面：

$$\begin{matrix}\text{可负担的}\\\text{首付款}\end{matrix}=\begin{matrix}\text{目前净资产在}\\\text{未来购房时的终值}\end{matrix}+\begin{matrix}\text{购房前的年收入现金}\\\text{流到购房时的终值}\end{matrix}\times\begin{matrix}\text{年收入中可负担}\\\text{首付比例的上限}\end{matrix}$$

$$\text{可负担的房贷}=\begin{matrix}\text{以未来购房时的年收入}\\\text{为年金的年金现值}\end{matrix}\times\begin{matrix}\text{年收入中可负担}\\\text{贷款的比率上限}\end{matrix}$$

可负担的房屋总价=可负担的首付款+可负担的房贷

$$可负担房屋单价=\frac{可负担的房屋总价}{需求平方米数}$$

（2）按想购买的房屋价格来计算每月需要负担的费用。

欲购买的房屋总价=房屋单价×需要面积

需要支付的首期部分=欲购买房屋总价×(1—按揭贷款成数比例)

需要支付的贷款部分=欲购买房屋总价×按揭贷款成数比例

每月摊还的贷款本息费用=需要支付的贷款部分以月为单位的准年金值

（二）其他需要考虑的因素

在购房规划中，除了房款本身之外，相关税费、装修费、家电购置费等也是需要考虑的。

思考与练习

一、单项选择题

1. 下列不是房地产投资优点的是(　　)。

A. 现金流和税收　　B. 价值升值

C. 财务杠杆利益　　D. 经营杠杆利益

2. 下列哪一项是房地产的开发费用？(　　)

A. 房地产开发企业的职工工资支出

B. 房地产开发企业的利润

C. 房地产的买地费用

D. 税金

3. 下列哪一项是房地产企业的主要税金？(　　)

A. 增值税　　B. 企业所得税

C. 消费税　　D. 印花税

4. 下列不是房地产特性的是(　　)。

A. 位置固定　　B. 使用价值耐久
C. 可分割性　　D. 整体价值的增值性

二、多项选择题

1. 中国的房地产种类主要包括(　　)。
A. 商品房　　B. 经济适用房
C. 安居房　　D. 出租房
2. 房地产的价格构成包括(　　)。
A. 土地价格或使用费　　B. 建筑安装工程费
C. 开发管理费　　D. 房地产开发企业的利润
3. 影响房地产价格的因素包括(　　)。
A. 社会因素　　B. 政治因素
C. 经济因素　　D. 自然因素
4. 个人投资房地产的动机主要是(　　)。
A. 用于租赁　　B. 用于自己居住或投机
C. 用于减免税收　　D. 用于投机
5. 购房规划中要考虑的主要因素是(　　)。
A. 房子　　B. 相关税费
C. 装修费　　D. 用处、房款

第十二章 个人理财风险管理与防范

【学习指导】

通过本章的学习，学生应了解个人理财风险的含义、风险管理的内容；理解理财风险的种类、特点以及风险形成的主要原因，对理财风险有一个全面的认识；掌握防范和控制个人理财风险的方法，并将其应用于实际的经济活动中。

第一节　个人理财风险管理

一、个人理财风险的含义

“风险”一词，英文是“risk”，表示“遭遇危难、受损失或伤害等的可能和机会”。按《现代汉语词典》的解释：“风险”的一般意思是“可能发生的危险”。似乎风险是危险的一种，是危险中可能发生的部分。显然，人们在日常生活中所讲的“风险”实际上是指危险，意味着损失或失败，是一种不好的事情，通常会带来财产上的损失。为此，有人把风险定义为：“风险是发生财务损失的可能性。”发生损失的可能性越大，投资的风险就越大，它可以用不同结果出现的概率来描述。这些结果可能是好的，也可能是坏的，若坏结果出现的概率越大，则风险越大。这个定义非常接近日常经济生活中使用的概念，主要强调风险可能带来的损失，与危险的含义类似。在对风险进行深入研究以后，人们发现，风险不仅可以带来超出预期的损失，也可以带来超出预期的收益。因此，风险出现了一个正式的定义：“风险是预期结果的不确定性。”风险不仅包括负面效应的不确定性，还包括正面效应的不确定性。该定义要求区分风险和危险。危险专指负面效应，是损失发生及其程度的不确定性。人们需要识别、衡量、防范和控制危险，即对危险进行管理。

风险的概念比危险广泛，既包括危险，也包括风险的另一部分，即正面效应，可以称为机会。对于机会，人们同样需要进行识别、衡量、选择和获取。因此，个人理财活动不仅要管理风险，还要识别、衡量、选择和获取增加收益的机会。风险的新概念赋予风险更多的内涵，也反映了人们对于投资理财风险更为全面的认识，即危险与机会并存。

个人理财是一项充满风险的经济活动。所谓个人理财风险是指在理财过程中，由于外部环境的复杂性和变动性以及投资者个人对环境认知能力的有限性，从而导致未来预期收益下降或损失的可能性。对于个人投资者来说，除了年老病死和意外事故的风险外，理财风险主要来自理财产品本身所带来的风险。个人理财产品的种类繁多、形式多样，有储蓄存款类理财产品、个人证券理财产品、个人保险理财产品、个人外汇理财产品、个人信托理财产品等理财产品。随着我国经济的快速持续发展、消费者收入和消费水平的不断提高、消费者投资需求的增加和多样化、个性化特点的增强，金融领域的产品将不断创新，金融衍生产品也将越来越多，由此衍生的产品风险也将形成新的风险。

二、个人理财的风险管理

风险管理是投资者通过对风险的识别、衡量和分析，以最小的成本取得最大安全保障的管理方法。风险管理主要包括以下八个方面：

（一）风险识别

“投资有风险，入市需谨慎”，对广大的投资者来说，相信对于这句话并不陌生。投资能带来收益，但也能导致亏损，这就是风险。在资本投资市场上，没有风险的投资微乎其微（实际上没有）。投资者对不同理财产品进行投资，其收益完全不同，即使投资相同的理财产品，假设外部环境相同，但由于投资者自身条件的差异，可能出现参差不齐的投资结果：有的投资者收益大，有的投资者收益小，有的投资者持平甚至亏本。这取决于投资者对理财产品风险的识别能力、风险的评估能力以及对风险的预防、防范和规避等能力。

风险识别是进行风险预测和衡量的基础及前提，通过分析影响个人理财的各种因素，如宏观政治经济环境、公司规模及经营状况、市场特征、投资理财产品的特点等，从中筛选出可能不利于投资收益的因素，进而预测风险的存在、种类以及等级。风险识别是风险管理的第一步。只有识别出风险，才能使投资者避免盲目投资、减少投资风险或实现较高的理财收益目标。

（二）风险评估

风险评估是指在充分肯定风险的存在并识别出风险原因的基础上，运用概率分析等方法，对风险的种类加以确定，然后对风险的等级加以划分。在进行风险评估时，投资者应考虑两个方面：一是风险承受能力。投资者可以从自身年龄、就业状况、收入水平及稳定性、家庭负担、资产状况、投资知识与经验等方面估算自身的风险承受能力。通过风险评估，有利于投资者在综合考虑的基础上，制定适合自身条件的投资计划和投资方案，从而防止和规避投资风险。二是风险承受态度（即风险偏好），也就是投资者能够或愿意承担风险的程度，这主要是由投资者的个性所决定。一个人在面对风险时表现出来的态度通常可以分为四种状态：①激进型；②中庸型；③保守型；④极端保守型。激进型的人愿意接受高风险，以追求高利润；中庸型的人愿意承担部分风险，以追求高于平均的获利；保守型的人为了安全起见，宁愿放弃可能高于平均收益的获利；极端保守型的人几乎不愿意承担任何风险，宁可把钱放在银行滋生蝇头小利。个人风险偏好可以通过投资者容忍本金的损失幅度以及问卷测评等心理测试估算出来。

（三）风险预防

风险预防是指投资者在了解和判断各种理财产品所面临风险的基础上，为减

少、回避、分散或转移风险而提前做出的一系列减损或保护的决策和措施。例如，针对CPI居高不下、通货膨胀明显的情况，投资者可适当减少对保守型理财类产品的选择，转向一些风险型高收益或有保值作用的理财产品。对于受国际市场供求关系影响会产生较大价格波动的商品或与国际市场价格接轨的敏感商品，如石油、钢材、铁矿石等，其价格涨跌会影响到经营这类产品或相关企业的经营状况。如果投资者购买了此类股票，那么在这种情况下，投资者除了要随时关注国内企业的近期业绩和中期业绩外，还要关注国际市场的价格变动以及主要进出口国的供求情况。一旦有利空消息出现，投资者应果断做出抛售决策，尽量避免股价下跌或被套牢的风险。

对投资者来说，不是所有的风险都能预防，都能取得满意的结果。由于投资者本身的条件所限（如投资的理财品种过少、知识和经验不足、从众心理严重等）和风险偏好原因，可能出现预防过早、过晚或过度的结果。如果投资者预防过度，从主观上夸大了风险的程度，也可能导致机会的流失、收益的减少，致使事与愿违、得不偿失。

（四）风险回避

对于理财产品带来的风险，有一些风险可以预防和回避。对于有风险但无风险报酬或风险过大而报酬过小的风险，投资者最好采用回避的方法。投资者通过事先采取措施，将造成损失或伤害的因素加以消除，使损害不致发生，这就是风险回避。像六合彩、赌博等，不仅高风险、低报酬，而且属于违法活动，这种风险不值得去冒，投资者理应回避。回避风险有两种策略：一是通过做好安全保护措施回避风险，如做好防火、防盗工作；妥善保管好保险箱、信用卡和银行存单等的密码；借出款项时要调查借款人的借款用途、偿还能力和信用程度，妥善保留借贷合同或借据，必要时还可要求第三者充当证人或担保人，或要求借款人提供财产抵押，以保证还款的安全性。二是回避高风险的理财产品，如业绩太差的股票、资信较差的企业债券、币值趋软的外汇产品等。

类似于风险的预防，回避风险也可能出现事与愿违的结果：一是回避风险但风险不出现，实际上是放弃了收益。二是在回避一种风险的同时有可能产生其他风险。三是有些风险是无法回避的，如自然灾害、战争、社会动荡等。

（五）风险控制

如果风险无法预防或回避，对投资者而言，那只有采取风险控制的方法。风险控制的主要内容是将风险可能造成的损害限制在自身可以承受的范围之内。任何人承受风险都有一定的限度，超过了这种限度，风险就变成一种负担，可能会对投资者的身心健康造成伤害。因为过度的风险会带来忧虑，而忧虑过多会影响投资者生活的各个层面，包括健康、工作、家庭生活、交友和休闲等。因此，投资者应根据自身条件考虑以下因素：如何降低风险的程度，减少风险损失或伤害程度、频率及范围。控制过程包括事先控制、全过程监控和事后调整。如果要投资理财产品，投资者最好事先确定理财产品的种类、投资额度、成本费用和成交价格的界限等。在理财过程中，投资者应密切关注和分析一切可能影响理财产品收益的不利因素，及时发现新风险并加以预防和回避；随后，如果发现控制方向有误或控制范围过窄或过宽，可通过调整控制方向或范围的方法加以矫正。这样一来，投资者既能在经济上承受风险的损失，也具备良好的心理承受能力，有利于消除对风险的恐惧。

（六）风险保留

风险保留是投资者通过自身承受风险所造成的损失或伤害。接受风险的原因主要包括：

（1）回避或控制风险有较大的局限性，有些损失或伤害是回避不了的，如人的生老病死、自然灾害等。

（2）风险意识薄弱或识别不出风险而处于盲目状态。

（3）依据自身或外部条件可承受一定的风险，如家庭有足够的存款或有一部分经济条件较好的亲戚朋友可随时供其借款。

（4）无力购买保险或采取其他保障性措施。

（5）在投资损失既成事实或防范风险所需成本高于风险带来损失的情况下，只有面对现实、接受风险。

（七）风险分散

风险分散意味着投资分散。投资者通过持有不同类型或同一类型不同品种的理财产品（即不同资产的组合），可以降低拥有任何单一资产所面临的风险或抵消不同资产所带来的风险。俗话所说的“不要把所有鸡蛋都放在一个篮子里”，讲的就是分散风险的道理。对于如何分散投资风险，并没有硬性的规定和统一的标准。资产组合不同，分散风险的效果也不同，既有简单易行的异类组合方法，也有运用资本资产定价模型确定科学投资组合的方法。例如，对于月收入在 2 万元左右的中等收入家庭，除了支付家庭的所有开支（主要包括家庭日常生活开支、小孩教育费、医疗费、节假日休闲消费、养车费）外，将会有 1 万元左右的剩余收入。假如该家庭把这些剩余收入全部用于购买股票，由于股市的风险较大，因而投资风险也大。如果该家庭把这些剩余收入投资于不同的理财产品，如 1/3 用于储蓄、1/3 用于购买基金、1/3 用于购买股票，则不仅投资总风险及程度降低，而且预期的固定收益可以弥补投资股市带来的亏损。

（八）风险转移

风险转移是指投资者将投资风险转让给专门承担风险的机构或个人。风险转移的常见方法包括以下几项：向保险公司购买保险，把自然灾害或疾病、死亡带来的风险转移给保险公司；债权投资中设定保证人，保障投资的安全；为避免利率、汇率或价格波动造成的损失，外汇交易者在外汇市场上进行外汇保值，贸易商在日后进口或出口商品的同时，在商品交易所进行卖期保值或买期保值等。风险转移在把风险转让给他人的同时，也不得不付出一定的代价，如支付保险费、担保费以及套期交易收益的减少或亏损。风险转移的作用是将不可预见、不可控制或可能产生的损失转变为可预见、可控制的成本或费用，有利于做好成本和收益的控制与核算。

第二节 个人理财风险分析

一、个人理财风险种类及其成因

理财风险的种类按照不同的标准可以分为不同的类型。按风险的性质分类，理财风险可分为纯粹风险、投机风险和收益风险；按风险损害的对象分类，理财风险可分为财产风险、责任风险、人身风险和信用风险；按损失发生的原因分类，理财风险可分为自然风险、社会风险、经济风险、技术风险、政治风险、法律风险；按风险涉及的范围分类，理财风险可分为基本风险（即系统性风险）和特定风险（即非系统性风险）等。系统性风险和非系统性风险更能准确地反映理财产品的受险来源以及投资者面临的总风险。

（一）系统性风险

相对于投资者自身，来自产品的风险都是外部风险，投资者无法控制。系统性风险是指影响所有投资者［即整个投资市场（涉及所有的理财产品）］的因素所引起的风险，如战争、国家政治和经济政策、法律法规的制定和调整、经济衰退、通货膨胀、金融危机、利率的变动等。因国外市场风险传递而引发的国内相关风险也属于系统性风险的性质。例如，2011 年上半年，受到欧美国家经济发展前景悲观预期的影响，国外股票市场将股价下跌的市场风险传导到国内股票市场，从而加速了 A 股的下跌。

由于系统性风险涉及所有的理财产品，所以投资者不可能通过投资多样化来分散投资风险，因此系统性风险也称不可分散风险。系统性风险主要有以下几种：

（1）宏观政策性风险。宏观政策性风险主要包括国家政治风险、经济政策风险和法律风险。一国的任何经济活动都在一定的经济、政治和法律环境之下进行，因此外部环境的变化（如国家的财政和货币政策、产业政策等一系列宏观经济政策的变化）会对经济周期变动、宏观经济运行状况、利率、通货膨胀等产生影响，从而对一些行业的景气变动、行业的发展状况产生影响，由此影响企业的经营业绩，最终势必对相关理财产品的市场交易价格产生影响。证券理财产品、信托理财产品和外汇理财产品受这种政策变动的影响较为明显，特别是股票。

从风险的影响范围上看，宏观政策性风险波及的范围最广，几乎覆盖和影响了所有的理财产品，同时也是形成非系统性风险的原因之一。因此，宏观政策性风险是所有理财产品面临的基本风险，具有普遍性。

（2）利率风险。利率风险是指由于利率的可能性变化给投资者带来收益损失的可能性。利率的变动主要来自于一国政府在实施货币政策时对利率的调整。有些理财产品的市场价格会直接受到利率变化的影响，如股票和债券。当利率提高时，股票的交易价格可能下降，债券的市场价格也降低；当利率下降时，债券的价格会上涨。基金通常是以股票、债券为主要的投资标的，基础市场交易价格的变化，自然也会对基金的绩效产生影响。在一般情况下，证券类理财产品的价格变化与利率之间存在负相关的关系。有些理财产品间接受到利率变动的影响（如外汇理财产品），利率的上升使本币兑外币的汇率提高，外汇相对贬值，因而以外汇结算的理财产品的预期收益就会相应减少。

（3）汇率风险。汇率风险是指由于外汇价格波动而使交易者所持外汇的市场价值处于未定状态。汇率风险是外汇交易者面临的最主要和最严峻的挑战。汇率变动是一把双刃剑，有利于投资者的价差将产生收益，而不利于投资者的价差则导致损失。所以，对个人外汇投资者来说，汇率风险既是风险，也是获利的机会。

目前，资本的全球化和自由化趋势日益加强，我国的外汇市场受到世界以及个别国家外汇市场的影响越发明显。世界经济景气或衰退、金融危机、战争或政变、欧美等发达国家所采取的扩张性或紧缩性货币政策、国家之间签订的协调经济贸易发展的国际条约或协定等，这些因素都有可能导致国际货币的流动，从而影响一国外汇市场的外汇供求关系，进而引起外汇价格的变动，并由此产生外汇风险。在国内，汇价的变动主要来自对外贸易状况、外国资本投资状况和利率，具体的经济指标有国际收支顺差或逆差、对外贸易总额、进出口贸易顺差或逆差、外汇储备和吸引外资水平、利率等。在一般情况下，一国对外贸易快速发展（尤其是出口贸易）、贸易顺差、国际收支盈余、外汇储备增加、外国投资增加等因素都会使市场产生本币兑外币远期汇率上升的预期。

与此同时，利率的变动也会引起汇率的变动。一方面，利率的变动主要通过本币币值的变动来影响本币的外汇汇价；另一方面，因为利率的变动使利差加大，从而导致外币的流出或流入。例如，实际利率上升将使本币升值，致使本币的对外汇率呈现上升趋势；实际利率上升、利差扩大将使外币追逐本币，从而拉高本币的对外汇率。因此，影响一国利率变动的因素也会影响汇率，利率变动会导致汇率的变动，因而利率风险会催生和演变成汇率风险。

（4）市场价格风险。市场价格风险是指由于理财产品本身的市场价格波动而使投资者蒙受损失的风险。在交易市场上，所有的理财产品都有价格变动的风险，如股票、债券、外汇产品、房地产价格的涨跌以及基金净值的变动等。供求关系的变化是直接导致价格变动的决定性因素，而各种不利因素和有利因素综合影响市场的结果将最终体现在供求关系的变动上。例如，由于二级市场的存在，证券类产品的市场交易价格会受到供求关系、市场预期等因素的影响而经常波动。如果证券市场交易价格发生了有利于个人投资者的变化，会给投资者带来资本增值；反之，则会使投资者蒙受损失。相比较而言，股票市场的交易价格变动最为频繁，其次是基金和债券。

（5）流动性风险。流动性风险也称变现能力风险，是指个人投资者在短期内无法以合理的价格卖掉理财产品、不受损失地变为现金的风险。如果理财产品的变现能力强，则流动性风险小；否则，流动性风险加大，有时需要降价出售，甚至降价也难以出售，如房地产。股票、债券和基金都存在流动性风险，尤其是股票。流动性较强（流动性风险较小）的理财产品有存款、短期国债（1 年以内）、货币市场基金、短期保本型的银行理财产品等，其中流动性最强的是活期存款，随时可以到银行变为现金。开放式基金的流动性风险有可能在巨额赎回时出现。所谓的巨额赎回，《证券投资基金运作管理办法》对它的定义是："开放式基金单个开放日净赎回申请超过基金总份额10%的，为巨额赎回。"

(6) 通货膨胀风险。通货膨胀风险也称购买力风险，是指投资者虽然获得了预期收益，但因通货膨胀导致货币贬值，实际购买力下降而造成损失。例如，某年100元可以买50斤大米，而第二年同期只能买40斤大米，由此推定物价的上涨幅度为25%。引起一国通货膨胀的原因很多，有需求拉动型通货膨胀、成本推动型通货膨胀以及需求和成本混合推动型通货膨胀等，但归根结底是由于流通中的纸币流量超过了实际需求量。通常说来，一国政府为了实现经济增长、充分就业、国际收支平衡等基本经济目标，都会实行不同程度的扩张性财政政策或货币政策，只要政策实施的结果最终导致整个社会的货币投放量过多，物价就会上涨，就会形成对通货膨胀的预期。因此，政府实施的旨在刺激经济发展的财政政策和货币政策是造成通货膨胀的根源。

受通货膨胀影响较大的理财产品主要是储蓄类产品和债券类产品。一方面，如果物价上涨指数超过了利率水平，则货币的实际购买力下降。另一方面，当物价上涨的速度较快时，出于保值考虑，投资者会投资具有保值作用的理财产品，如房地产、黄金、古玩等。此外，由于需求减少，债券类产品价格会出现下跌。

(二) 非系统性风险

非系统性风险是指发生于个别投资项目或在某类投资活动中发生的特有事件所造成的风险。由于非系统性风险是个别资产所涉及的风险，不涉及其他的资产，由此可以通过投资多样化来分散投资风险，因此非系统性风险也称可分散风险。下面介绍两种主要的非系统性风险：

(1) 经营风险。经营风险是指由于生产经营原因给企业盈利目标带来不利影响的可能性，这是任何商业活动都有的，也称商业风险。由于受到技术、资金、管理、市场等内外部因素的影响，企业的生产经营状况会发生变化，并且具有很大的不确定性。例如，原材料供应的短缺、价格的上涨；通货膨胀所带来的生产成本上升；流动资金短缺，财务状况恶化；企业竞争力下降造成销售额下降等。由此，企业将出现业绩变差或利润率下降。经营风险使企业的投资回报变得不确定，而业绩不佳的预期会导致市场对其丧失信心，致使企业的信用等级随之下降，从而给投资者带来投资损失。例如，某企业由于经营状况恶化、业绩下降而导致股价下跌。股票受到企业经营风险的影响最大，基金和公司债券相对小些。

(2) 信用风险。信用风险是指与提供理财产品有关的组织机构，如债券发行公司、上市企业、商业银行等理财代理机构，由于违约或违反相关法律、行政法规等行为而给投资者带来的损失。例如，债券发行公司不能按时支付债券利息或偿还本金而给投资者带来损失的可能性；上市企业由于出现经营风险而做出的一系列违规行为，如对外宣布虚假信息、财务上做假账、内部交易等，由此导致投资者对企业的诚信产生怀疑，进而影响企业在投资市场上的声誉；某商业银行在个人理财业务中由于对风险管理不善，投资者对其产生负面评价，进而出现信誉风险。为了规范商业银行理财产品的销售活动，促进商业银行理财业务的健康发展，我国银监会于2011年8月28日颁布《商业银行理财产品销售管理办法》(自2012年1月1日起施行)，其中第一章“总则”中的第三条规定：“商业银行开展理财产品销售活动，应当遵守法律、行政法规等相关规定，不得损害国家利益、社会公共利益和客户合法权益。”第二章“基本原则”中的第六条规定：“商业银行销售理财产品，应当遵循公平、公开、公正原则，充分揭示风险，保护客户合法权益，不得对客户进行误导销售。”这些规定都对商业银行信用制度的建立健全起到了一定的监管作用。信用风险不仅涉及企业诚信，而且涉及企业的社会责任、公共道德问题，也是整个社会面临的公共道德风险之一。

除系统性风险之外，对于不同种类的理财产品来说，其非系统性风险也不同。即使是同一类型的理财产品，由于品种不同，其风险性质也不同且更具特殊性。例如，对于股票投资所涉及的风险，从系统性风险来看，主要有政策风险、市场价格风险、流动性风险和利率风险；从非系统性风险来看，有经营风险、财务风险、信用风险、交易过程风险等。个人外汇理财产品除了要遭遇宏观政策风险、汇率风险、利率风险等系统性风险外，还要遭遇自身特有的风险，如再投资风险、信用风险和区间风险等。

二、个人理财风险的特点

(一) 风险存在的客观性

自然灾害和意外事故(如地震、台风、洪水、瘟疫、疾病、死亡等)都不以人的意志为转移，它们是独立于人的意识之外的客观存在。这是因为，无论是自然界的物质运动还是社会发展的规律，都是由事物的内部因素所决定，由超出人们主观意识的客观规律所决定。人们只能在一定的时间和空间内改变风险存在和发生的条件，降低风险发生的频率和损失幅度，而不能彻底消除风险。

（二）风险存在的普遍性

自从人类出现后，就面临各种各样的风险，如自然灾害、疾病、伤害、战争等。随着科学技术的发展、生产力的提高、社会的进步、人类的进化，可能产生新的风险，而且风险波及的范围、事故造成的损失可能越来越大，如核能泄露、原子弹爆炸等。投资者个人要面临生老病死、失业和意外伤害等风险；企业要面临自然风险、技术风险、经营风险、财务风险和信誉风险等；甚至国家政府机关也面临各种风险，如自然灾害导致的重大突发事件，罢工、骚乱等社会不安定因素，由债务危机引发的偿债风险等。总之，风险已经渗入社会、企业、个人生活的方方面面，并且无处不在、随时发生。

（三）风险发生的偶然性和必然性

虽然风险是客观存在的，但就某一具体风险而言，它的发生是偶然的，是一种随机现象。风险也可认为是经济损失的不确定性。风险事故的随机性主要表现为风险事故是否发生不确定、何时发生不确定、发生的后果不确定。个别风险事故的发生是偶然的，但大量风险事故的发生有其必然性。通过对大量风险事故的观察、分析和事后的归纳、总结，人们就会发现，风险的发生往往呈现出明显的规律性。揭示风险发生规律性的方法有概率论和数理统计等，利用这些方法可测算出风险事故发生的概率及损失幅度，并可构造出损失分布的模型。该模型可以作为风险估测的基础。

（四）风险的可变性

风险在一定条件下是可以转化的。这种转化包括：①风险量的变化。随着人们对风险认识的增强和对风险管理方法的完善，某些风险可以在一定程度上得到控制，从而降低其发生频率和损失幅度。②某些风险在一定的空间和时间范围内被消除。发生风险的背景或条件发生变化，则风险自动解除。③新风险的产生。出现新情况或条件改变，都会催生新的风险。

三、个人理财产品的风险等级

就投资者而言，不同理财产品的收益不同，存在的风险也不同。个人理财的主

要特点之一就是其风险性。收益与风险共存，而且两者之间经常呈现正相关的关系，即个人承担的风险越高，可能获得的投资收益越高；反之亦然。不同险种蛰伏的风险程度不同，而风险程度的高低才是真正影响投资收益大小的决定性因素。投资者既要关心资本收益率，也要重视所面对的风险，最终要在资本收益率和风险程度之间达到某种程度的均衡。因此，投资者对理财风险的分析最终体现为对理财产品风险程度的分析。

根据收益与风险的相互关系，理财产品的风险等级从低到高可分为四类。

（一）零风险保本理财产品

所谓零风险是从不损失本金的角度来看，虽然此类理财产品的收益很低，但其安全性和流动性较高。零风险的理财产品主要是银行存款和国债。

（1）活期储蓄、定期储蓄。活期储蓄、定期储蓄的安全性和流动性最高，但收益最低。如果消费者物价指数高于利率，并且实际利率可能很低甚至出现负利率，则有通货膨胀风险。

（2）国债。国债的信用等级最高，安全性有保证。1 年以内短期国债的流动性更高。中长期国债偿还本息的期限较长，如果利率变动，则有利率风险。

（二）低风险的理财产品

低风险的理财产品主要包括投资于同业拆借市场和债券市场的各种国债基金和货币市场基金以及保本型的理财产品。

（1）国债基金。国债基金是一种以国债为主要投资对象的证券投资基金。国债的利率稳定，有国家信用作为保证，因此这类基金的风险低、收益一般。在正常情况下，国债基金的收益比银行存款和国债的收益稍高。国债基金的收益会在一定程度上受到市场利率和汇率的影响。

（2）货币市场基金。货币市场基金是以货币市场工具为投资对象的一种基金。货币市场基金投资对象的期限在一年以内，主要包括短期存款、国债、央行票据、银行承兑汇票、金融债券等。货币市场基金的流动性和安全性较高，可以随时支取，并可作为活期储蓄的替代品，但收益较低，通常比银行一年定期存款利率、国债和国债基金的收益稍高。

（3）保本型理财产品。保本型理财产品主要是指商业银行、证券公司和信托公司推出的、以“低风险”为主题的保本型银行理财产品和信托类理财产品。在正常情况下，保本型理财产品的风险较低、收益适中，比定期存款和货币市场基金的收益高。由于保本基金不对提前赎回的资金保本，故对流动性较高的投资者并不适合。如果出现股指持续波动、股市低迷，保本型理财产品有可能既抵御不了通货膨胀，也保不了本。

（三）中等风险的理财产品

中等风险的理财产品主要有非保本型信托类理财产品、券商理财产品以及股票型基金等。信托类理财产品是由信托公司面向投资者募集资金，提供专家理财、独立管理、投资者自担风险的理财产品。

股票型基金是指以上市股票为主要投资对象的证券投资基金，由投资专家进行统一的管理运作，制定资产配置较为合理的投资组合方案，以达到分散风险，实现低风险、高收益的投资目标。如果系统性风险过大，即使通过投资组合也难以分散或化解风险，那么这种类型基金产品的风险程度也会随之加大。

（四）高风险的理财产品

高风险的理财产品主要有股票、外汇、期权、黄金、房地产和收藏品等投资项目。一方面，高风险理财产品的风险过大；另一方面，高风险理财产品对投资者的要求过高，如投资者需要掌握一定的专业知识、丰富的理财经验或具备一定的财力等。

（1）股票。股票是作为股份有限公司在筹集资本时向投资者发行的股权凭证，投资者可以凭此取得股息、红利的一种有价证券，并且可以随时买卖或转让。股票具有稳定性、流动性强，风险较大等特点。股票的市场价格波动较大，主要原因是影响股票走势的因素较多，有来自政府层面的政治经济政策和法律法规，同时还有公司的经营状况、利率、通货膨胀及外围市场运行状况，甚至人为等因素。高风险存在高收益，也可能导致高亏损。投资股票属于中高风险的理财产品。

（2）期货。期货交易是指交易双方在商品交易所买卖期货合同的交易行为。期货交易实行保证金制度，只需交纳合同金额10%以下的保证金就可以进场交易。对投资者来说，可以以小博大，属于高风险、高收益的理财产品。

（3）房地产。房地产作为一种投资产品，具有与其他理财产品完全不同的特点：它既是消费品，又是投资品；投资标的的有形性、不可移动性；具有长期升值潜力，能抵御通货膨胀；流动性差。由于房地产具有长期升值能力，所以投资者可以以此防范通货膨胀或货币贬值的风险。房地产投资可以说是“富人的投资专利”，需要一定的资金实力，少则几十万元，多则上千万元。无论是转售或是出租，在房价上涨的形势下，售房差价或租金都是一笔可观的收入。但是，房地产的风险性很高，有国家政治经济政策风险、法律法规风险、经营风险、自然风险、流动性风险和财务风险。特别是在经济处于萧条或衰退周期，房地产市场可能一落千丈，投资者也会落得倾家荡产的下场。

第三节 个人理财风险防范

个人理财已成为大多数人日常经济生活的一部分，而理财风险也成为投资者面对的难题。风险防范至关重要，它不仅有利于投资者规避风险，而且也能增加投资收益。风险防范主要包括以下几个方面：

（一）树立理财风险意识

投资的目的是为了获得收益，但投资收益的获得在很多情况下具有不确定性。例如，股票和基金投资有可能赚钱，有可能赔钱，还有可能不赔不赚，这种投资收益获得的不确定性称为投资风险。此外，投资风险和投资收益是相互匹配的，高风险的理财产品可能带来高收益，也可能导致高亏损，如股票和房地产。低风险的理财产品不可能带来高收益，如储蓄和国债。所谓“零风险”的投资，如定期储蓄，只是从保本的角度考虑，同样存在通货膨胀风险和利率风险。风险客观存在，并且随时发生。因此，只有在认知风险的客观存在以及明白风险与收益关系的基础上，投资者才能正确地对待投资风险，按照自身的条件制定理财计划和实施方案，选择风险适中的理财产品。这样既能避免风险过大，也能避免陷入“低风险高回报”的投资陷阱。投资者除了要树立理财风险意识之外，同时也要培养对风险的识别能力，识别风险是进行风险预测和衡量的基础及前提，只有随时关注影响理财产品收益的各种因素变化并加以评估，才能在风险损失出现之前予以防范和规避，即使风险最终出现也能及时、有效地应对。

（二）端正理财理念

当今社会，既是创造财富的时代，也是心态浮躁的年代。在追求财富积累的路上，抱“一夜暴富”心态的投资者为数不少。“短期投资”、“投机投资”一时成为许多投资者效仿的投资理念，这不仅容易导致投资者丧失应有的理智和谨慎，也给整个资本市场带来不必要的骚扰和动荡，添加一系列不稳定性因素。因此，投资者要端正理财理念，树立科学的理财观，应注意和做好以下几个方面：①对投资的理念要有正确的认识，投资是一种长期行为，要以长期的投资心态对待理财产品。某短期投资（如一年内）有可能是一项成功的投资，但不能证明投资者是一个真正会理财的人，因为偶然性因素太多。通常说来，一项成功的投资需要智慧、技巧和时机，也需要时间。如果长期持有绩优股，有可能带来几倍乃至几十倍的收益；长期持有基金，亏损的可能性不大。②要做到理智投资，最好不要负债投资，即使负债，也要考虑自身的偿债能力。③要学会理性投资，不要盲目跟风，对自己所选择的投资产品组合要有正确的心理预期，不要因“风吹草动”而轻易做出较大的调整。

（三）掌握分散理财风险的方法

投资有风险，除了系统性风险无法通过不同的投资组合加以分散外，非系统性风险（如公司经营风险、信用风险和财务风险等）可以通过投资组合（即不同的资产配置）来减少和避免。分散理财风险的方法很多，可以是不同类型理财产品的组合（如在一定投资额下设置不同的投资比重，其中40%为存款储蓄，40%为股票和债券，20%为投资型保险类产品），也可以是同类型的不同理财产品的组合（如投资股票，可以一次投资几只甚至20只以上不同板块的股票，如农产品类、银行类或房地产等），主要目的是分散市场价格风险和经营风险。此外，还可以选择不同的投资地点和投资期限等，如在不同国家、地区或不同地段进行的房地产投资，选择短期、中长期结合的理财产品。小至投资者个人，大到企业，乃至国家政府部门，都在不同程度地运用投资组合来分散风险。在不同时期，随着理财风险的转移以及风险程度的变化，投资者也应对原有的投资组合加以审核和评价，以便及时做出调整；否则，分散风险的能力也会减弱。例如，在通货膨胀时期，应调低储蓄国债产品的比重，适当增加有保值作用的黄金、房地产或投资型保险类理财产品的比重。在利率提高的情况下，应适当减少外汇类理财产品的比重。至于如何进行投资组合，没有统一的标准，因人而异，只要注重科学、合理的原则，基本上都能在不同程度上达到分散风险的目的。

（四）选择适合自身条件的理财产品

从投资理财行为上看，投资者的自身条件主要包括投资能力、风险偏好和理财能力，具体反映在收入水平、财务状况、文化程度、职业、个性、年龄等方面。所以，投资者在选择适合自身条件的理财产品时，应主要考虑以下三个方面：

(1) 投资能力。这主要由自己以及家庭的收入和财务状况决定，具有客观性。在一般情况下，资金充足、投资能力强的投资者可选择的理财产品范围广泛，通过不同产品组合分散风险的能力也较强。而受财力限制的投资者，如果为了满足投资私欲，大肆借钱或不惜铤而走险，肯定会承担超出自身承受能力的财务风险和不必要的违法风险。因为任何人承受风险都有一定的限度，超过了这种限度，风险就变成了一种负担，可能会对投资者的情绪或心理造成伤害，进而影响投资者的日常生活，包括身体、工作、家庭等。对于收入不高的投资者（如工薪阶层），在支付日常生活必需的开支外，可能剩余不多（如一千元以内）。因此，他们在选择理财产品时，基金定投也许是不错的选择。这种"集腋成裘"的投资方式，既能保证资金的少量定期投入，也能在期末或若干年之后获得比较可观的收益，实现预计的理财目标。因此，投资者应科学、正确地评估自身对抗和承受风险的能力，选择与自身风险承受能力相匹配的理财产品，即量力而行至关重要。

(2) 风险偏好。风险偏好主要由投资者的个性决定。激进型的投资者可以选择风险指数较高的理财产品，如股票、外汇、QDII 等；中庸型的投资者可选择风险指数中上等的理财产品，如信托、结构型保本产品，因为稳健是其投资的风险要求；保守型的投资者可选择储蓄、保本或保险类基金，因为投资者不想承担任何风险。其实，年龄因素也会在一定程度上左右风险偏好，影响投资者对于理财产品的选择。

(3) 理财能力。理财能力是投资者个人理财综合素质的体现，文化教育程度、职业、职务和经验等条件都会对投资者的理财技能、技巧产生重要的影响。理财能力强的投资者可能会选择高风险、高报酬的理财产品，或者交易程序较复杂或需要技术分析的理财产品，如股票、期货交易、外汇交易等；反之亦然。在能力方面，同样不能忽视年龄因素。因为投资理财是一项长期、费事、费力的投资活动，在精力和体力方面对投资者构成一种考验。从总体上看，处于青年期的投资者虽然精力充沛、富有冒险精神，但由于家庭和事业处在形成阶段，家庭的经济负担较重、闲钱不多，不妨在投资市场上小试牛刀。家庭与事业处于成长期的中年人，若事业有成、收入颇丰，并且理财经验丰富、对风险承受能力较强，可选择高风险的理财产品，如股票、外汇、房地产、古董字画等。老年人基本上已退休，体质和承受风险的心理较弱，因此在理财产品的选择上，应选择风险较小、收益稳定或保本保值为主的理财产品，如储蓄、保险类基金或黄金等。

(五) 选择资质良好的理财公司

近十多年来，随着我国国民收入的不断提高、财富的快速积累以及个人投资需求的增加，国内个人理财业务发展迅猛，不仅个人理财业务的主体多元化、品种多样化，而且理财也从简单的产品推介发展为涵盖全方位、多样化和个性化的理财服务。由于个人理财产品是一种不同于储蓄产品和信托产品的金融衍生品，并且金融衍生市场是一个投机性和风险性都很高的市场，因此投资者对理财公司的理财能力要求应该更高，尤其是其对风险的管理能力。在竞争激烈的个人理财市场上，一些商业银行为了招揽业务，在理财产品的宣传和介绍过程中，刻意掩盖、回避或淡化理财风险，盲目夸大预期收益率或在合同条款中出现易引发争议的模糊性表述，误导和坑骗投资者，导致由个人理财引发的纠纷案件不断增多。为此，投资者自身除了要树立理财风险意识和不断提高风险识别能力之外，还应对理财公司的资质进行审查，选择资质良好的理财公司，这也是一道理财门槛。对理财公司的资质审查主要包括以下几个方面：①理财公司的经营规模、经营实力和经营业绩。在一般情况下，国有商业银行的经营规模较大、经营实力较强，因而信用等级更高。至于经营业绩，投资者可通过收集理财公司过去和近期有关经营业绩的历史资料，分析其经营和信用状况。②理财公司的理财管理制度。投资者应了解理财公司的理财管理是否规范、运作过程是否公开透明、披露制度是否完善等，以便拥有足够的知情权，防止权益受到侵犯。例如，理财公司对重大事件、持仓情况、收益预期、实时收益、资金比例及资金流向等信息的定期及不定期披露，其中资金流向涉及理财产品的投资标的，如果投资标的的债务人出现违约的信用风险，则风险损失最终由投资者承担。③理财人员的素质。个人理财业务对从业人员的素质要求较高，不是普通的储蓄员或业务咨询员所能胜任的。一个合格的理财人员除了应具备理财专业知识外，还应具备规定的从业资格以及良好的职业道德。只有这样，投资者才能避免合同诱签或资金被违法挪用等风险。

(六) 不断加强对理财知识的学习，提高理财的技能、技巧

投资者要想在投资理财中长久立于不败之地，仅凭个人的兴趣、爱好或强烈的

致富欲望是不行的，必须掌握一定的理财专业知识、积累实战经验和提高理财技能，主要包括三个层面：一是对个人理财基本知识的了解和掌握。例如，若投资者计划投资股票，则必须通过学习，了解股票的含义、特点、分类、交易程序及可能遇到的风险等。随着金融产品的不断创新、金融衍生产品的不断增加，其产品特点和风险种类等将与原有产品有所区别，这就要求投资者进行新一轮的学习。二是投资者对宏观经济政策的了解和关注。投资者投资理财产品，离不开特定的宏观经济环境。在不同时期，宏观经济政策的制定和调整对各种理财产品的风险产生、收益状况将造成不同程度的影响。若国民经济处于繁荣或衰退阶段，则国家颁布的一系列财政政策和货币政策，无论是扩张性的还是紧缩性的，都将对整个社会资金的投放产生影响，从而影响货币资本市场的利率、汇率水平以及引起物价的变动。这些变动就是理财产品的风险表现，最终影响各种理财产品的预期收益，导致实际收益率大大低于预期收益率甚至亏损。对国家宏观政策的了解不能仅限于经济层面，还包括政治、法律法规等方面，比如了解国家有关部门出台的对商业银行理财业务产品的监管法规，不做法盲，这样才能在投资理财中避免受骗上当，而且一旦发生理财纠纷，还可以运用法律武器维护自己的权益。三是投资者对自身投资理财技能、技巧的提升。投资者在理财过程中，只有通过不断分析失败原因、吸取教训、积累经验，才能提高自身的理财技能。同时，投资者可以通过向理财公司专业人员和理财专家咨询及请教、同行交流、参与各种投资理财座谈会等方法，提高理财的技能、技巧。

（七）保持健康、乐观的理财心态

从心理学角度上看，由于失败，人通常会产生担忧、郁闷、悲伤、沮丧乃至绝望的情绪。这些消极的负面情绪同样会在一个经历失败的投资者身上得到不同程度的体现。消极情绪的产生和积累，一方面会对投资者个人的身体带来危害，另一方面也会影响投资者正常的工作和生活秩序，尤其是家庭生活。原先健康和谐的家庭生活将被打破，取而代之的将是吵闹不安、纷争不断的家庭氛围。投资者为了避免因投资失败所带来的不利影响，除了要树立长期投资、理性投资的科学理财观之外，还要加强自身文化、道德修养方面的建设，同时通过健体强身，在身体和心理上全方位增强抵御理财风险的能力，以健康、乐观的心态对待理财。常言道：失败是成功之母。投资者在长期的投资战役中，可能战功显赫，也可能遍体鳞伤。但是，风险的两面性（即危险与机会并存）使投资者透过失败看到了成功的预期，这正是吸引投资者对投资理财乐此不疲的原因之一。无论是成功还是失败，投资者都要以平常心对待，让个人理财成为日常经济生活的一部分。

下面是一首根据如何防范理财风险所做的《理财歌》，望大家从中得到一些启迪。

理财歌

财源滚滚来
赶紧学理财
风险与收益
时间来等待

理财要量力
思想别麻痹
想当常胜兵
提高你武艺

理财许多险
青年试风险
壮年搏高险
老年求保险

福兮祸所伏
祸兮福所倚
成功与失败
平常心对待

思考与练习

一、单项选择题

1. 投资者在了解和判断各种理财产品所面临风险的基础上，为减少、规避、分散或转移风险而提前做出的一系列减损或保护决策及措施，称为(　　)。

A. 风险识别　　　　B. 风险预防

C. 风险保留　　D. 风险控制

E. 风险评估

2. (　　)的主要内容是将风险可能造成的损害限制在自身可以承受的范围之内。这样一来，投资者既能在经济上承受风险的损失，也能在心理上具备良好的承受能力，有利于消除对风险的恐惧。

A. 风险回避　　B. 风险预防

C. 风险转移　　D. 风险控制

E. 风险评估

3. 下列风险属于非系统性风险的是(　　)。

A. 国家政策性风险　　B. 经营风险

C. 通货膨胀风险　　D. 流动性风险

E. 市场价格波动风险　　F. 利率风险

4. 下列风险属于系统性风险的是(　　)。

A. 信用风险　　B. 再投资风险

C. 财务风险　　D. 经营风险

E. 汇率风险

5. 风险在一定条件下是可以转化的。出现新情况或条件改变都会催生新的风险，这是因为风险具有(　　)。

A. 存在的客观性　　B. 存在的普遍性

C. 发生的偶然性和必然性　　D. 可变性

6. 下列理财产品属于零风险、低收益产品的是(　　)。

A. 国债　　B. 国债基金

C. 货币市场基金　　D. 保本理财产品

7. 下列理财产品属于高风险、高收益产品的是(　　)。

A. 债券型基金　　B. 股票型基金

C. 非保本信托类产品　　D. 股票

8. 下列哪些年龄段的投资者不宜涉足中、高风险型的理财产品？(　　)

A. 25～35 岁　　B. 35～45 岁

C. 45～55 岁　　D. 55 岁以上

E. 以上都不对

9. 投资者要端正理财理念，树立科学的理财观，应避免的投资行为是(　　)。

A. 长期投资　　B. 理智投资

C. 投机行为　　　　　　D. 理性投资

10. 一个人面对风险表现出来的态度通常可分为四种状态：①激进型；②中庸型；③保守型；④极端保守型。这是由投资者的(　　)决定的。

A. 投资能力　　　　　　B. 理财能力

C. 风险偏好　　　　　　D. 偿债能力

二、多项选择题

1. 风险的两面性是指(　　)。

A. 危险　　　　　　B. 保险

C. 机会　　　　　　D. 收益

2. 下列哪些风险可通过向保险公司投保来转移？(　　)

A. 投资风险　　　　　　B. 人身意外事故

C. 地震、火灾和水灾　　　　　　D. 家庭财产被盗

3. 下列哪些风险属于系统性风险？(　　)

A. 国家政策性风险　　　　　　B. 利率风险

C. 通货膨胀风险　　　　　　D. 流动性风险

E. 市场价格波动风险　　　　　　F. 汇率风险

4. 下列哪些风险属于非系统性风险？(　　)

A. 信用风险　　　　　　B. 再投资风险

C. 财务风险　　　　　　D. 经营风险

E. 市场价格波动风险　　　　　　F. 流动性风险

5. 风险管理有哪些方法？(　　)

A. 风险识别　　　　B. 风险评估　　　　C. 风险预防

D. 风险回避　　　　E. 风险控制　　　　F. 风险保留

G. 风险分散　　　　H. 风险转移

6. 下列哪些风险是不能回避的？(　　)

A. 自然灾害　　　　　　B. 战争

C. 罢工　　　　　　D. 赌博

7. 投资者选择适合自身条件的理财产品，应主要考虑以下哪些方面？(　　)

A. 偿债能力　　　　　　B. 投资能力

C. 风险偏好　　　　　　D. 理财能力

8. 下列哪些理财产品的选择属于分散风险的投资组合？（　　）

A. 储蓄　　B. 储蓄和基金

C. 储蓄、基金和股票　　D. 10 只不同的股票

E. 房地产和黄金

9. 选择资质良好的个人理财公司应注重以下哪些方面？（　　）

A. 经营实力　　B. 信用状况

C. 人员素质　　D. 管理制度

E. 经营业绩

10. 一个合格的投资者应具备哪些方面？（　　）

A. 身体健康　　B. 理财能力

C. 具有风险意识　　D. 具有承受风险的能力

三、判断题

1. 风险就是指那些给投资者带来预期收益减少或损失的不利因素。（　　）

2. 所谓理财风险主要是指理财产品所带来的风险，对投资者来说，属于外部风险。（　　）

3. 系统性风险虽然影响的范围广泛，但投资者仍然可以通过投资组合的方法分散它。（　　）

4. 上市企业由于经营不善出现业绩下滑、股价下跌，这种经营风险是所有上市企业不能幸免的风险。（　　）

5. 个人理财公司的资质是否良好并不重要，关键要看理财产品的预期收益率高不高。（　　）

6. “投资有风险，入市需谨慎”，这句话说的是投资的风险性，提醒投资者要树立投资风险意识。（　　）

7. 在个人理财活动中，有的投资者惧怕、厌恶风险，有的投资者敢于冒险，这在很大程度上取决于他们的投资能力。（　　）

8. 高风险对应高收益，低风险带来低收益，因此“低风险，高回报”的投资宣传可能是一种投资陷阱。（　　）

9. 投资应“量力而行”，是指投资者应视自身情况估算自己的偿债能力。（　　）

10. 常言道“失败是成功之母”，在个人理财活动中是指“越失败，越成功”。（　　）

思考与练习参考答案

第一章

一、单项选择题

1. B　2. B　3. C　4. C　5. C

6. D　7. D　8. D　9. A　10. C

二、多项选择题

1. ABCE　2. ABCDE　3. BDE　4. ABC　5. ABCDE

三、判断题

1. √　2. ×　3. ×　4. ×　5. √

第二章

一、单项选择题

1. C　2. A　3. D　4. D　5. B

6. C　7. A　8. B　9. C　10. B

二、多项选择题

1. ABCDE　2. ABCD　3. ABCDE　4. AC　5. ABCE

三、判断题

1. ×　2. ×　3. √　4. √　5. √

第三章

一、单项选择题

1. A　2. B　3. B　4. C　5. D

6. A　7. D　8. B　9. C　10. B

二、多项选择题

1. ABC　2. ABCD　3. ABCD　4. ABCD　5. ABD

三、判断题

1. √　2. ×　3. √　4. √　5. ×

第四章

一、单项选择题

1. A　2. D　3. D　4. B

5. C　6. A　7. C　8. A

二、多项选择题

1. ABCD　2. ABCD　3. ABC　4. ABCD

5. ABCD　6. ABCD　7. ABCD　8. ABCD

三、判断题

1. √　2. ×　3. √　4. ×

5. √　6. ×　7. ×　8. ×

第五章

一、单项选择题

1. B　2. D　3. B　4. A　5. D

6. C　7. B　8. A　9. C　10. A

二、多项选择题

1. ABCD　2. ABD　3. BCD　4. AD

5. ABCD　6. CD　7. AB　8. ABCD

三、判断题

1. √　2. ×　3. √

4. √　5. ×　6. ×

第六章

一、单项选择题

1. B　2. B　3. B　4. D

5. B　6. A　7. A　8. A

二、多项选择题

1. ABC　2. ABCD　3. ABC

4. ACD　5. ABCD　6. ABCD

三、判断题

1. √　2. ×　3. √　4. ×　5. √

第七章

一、单项选择题

1. B　2. C　3. D　4. D　5. B

6. D　7. B　8. A　9. A　10. D

二、多项选择题

1. ABCD　2. ABCD　3. ABD　4. ACD　5. AB

三、判断题

1. ×　2. √　3. √　4. √　5. ×

第八章

一、单项选择题

1. B　2. C　3. B

二、多项选择题

1. ABCDE　　2. AB　　3. CDE

三、问答题（参考教材有关内容）

第九章

一、多项选择题

1. ABCDE　　2. AB　　3. CD　　4. ABCDE

二、问答题（参考教材有关内容）

第十章

1. 单项选择题

1. B　　2. A　　3. B　　4. A

5. D　　6. A　　7. A　　8. A

二、多项选择题

1. ABCD　　2. ABCDE　　3. ABC　　4. AB　　5. ABD

三、判断题

1. ×　　2. ×　　3. ×　　4. ×

5. √　　6. √　　7. √　　8. √

四、案例题要点

（1）注重技术分析。

（2）合理安排投资。

（3）投资稳健。

第十一章

一、单项选择题

1. D　　2. A　　3. B　　4. C

二、多项选择题

1. ABC　　2. ABCD　　3. ABCD　　4. ACD　　5. BCD

第十二章

一、单项选择题

1. B	2. D	3. B	4. E	5. D
6. A	7. D	8. D	9. C	10. C

二、多项选择题

1. AC	2. BCD	3. ABCDEF	4. ABCD	5. ABCDEFGH
6. ABC	7. BCD	8. BCDE	9. ABCDE	10. ABCD

三、判断题

1. ×	2. √	3. ×	4. ×	5. ×
6. √	7. ×	8. √	9. ×	10. ×

参考文献

1. 定雄武．个人投资理财．北京：中国人民大学出版社，2008

2. 黄孝武．个人理财．北京：中国财政经济出版社，2010

3. 任景萍．个人投资理财入门．北京：中国物资出版社，2008

4. 宋效中，王立国等．个人投资理财一本通．北京：机械工业出版社，2008

5. 王静．个人理财. 北京：科学出版社，2008

6. 韦耀莹．个人理财．大连：东北财经大学出版社，2007

7. 苑德军，张颖．个人理财．北京：中央广播电视大学出版社，2007

8. 中国银行业从业人员资格认证办公室. 个人理财. 北京：中国金融出版社，2008

9. 张彦斌．跟张彦斌学理财　理财工具箱．北京：中信出版社，2010

10. Peter Newmark，1988，*Approaches to Translation*，London：Prentice Hall International（UK）Ltd.

11. Shuttleworth M.，1997，*Dictionary of Translation Studies*，

Manchester: St Jerome Publishing

12. Snell-Hornby M. , 1988, *Translation Studies—An Integrated Approach*, Amsterdam /Philadelphia: John Benjamins Publishing Company

13. Venuti Lawrence, 1995, *The Translator's Invisibility—A History of Translation*, London and New York: Routledge